ISBN 978-0-656-82059-7
PIBN 10655322

des éperons et toute sa compagnie avec lui, criant : Douglas! Douglas! jusqu'aux batailles du roi de Grenade; et là, croyant être suivi par les Espagnols, il détacha de son cou la boîte qui renfermait le cœur de Robert, et la jeta au milieu des Sarrasins en criant : « Marche en avant, noble cœur royal va te suivre. » Alors lui et ses chevaliers entrèrent si profondément dans les rangs des Sarrasins, qu'ils y disparurent comme le fer dans une blessure; et là ils firent des merveilles d'armes; mais ils ne purent durer, les Espagnols, c'est honte de le dire, ne les ayant rescous ni lui ni les siens. Le lendemain on le retrouva mort, serrant sur sa poitrine la boîte d'argent où était le cœur du roi, et autour de lui étaient tous ses compagnons morts ou blessés; trois ou quatre seulement survécurent, et l'un d'eux, le chevalier Lockhart, rapporta la boîte d'argent et le cœur qui furent enterrés en grande pompe à l'abbaye de Melrose. C'est depuis ce temps que les Douglas, qui s'armaient d'un écu d'azur à un chef d'argent et de trois étoiles de gueules en argent, ont substitué à ces armes un cœur sanglant surmonté d'une couronne, et que le chevalier Lockhart a changé son nom en celui de Lockheart, qui, en langage gallique, veut dire cœur fermé. Oh! continua Walter s'exaltant : oui! oui! l'on peut dire que c'était un brave et preux chevalier; que c'était un noble et riche capitaine de guerre que celui qui, ayant livré soixante-dix batailles, en avait gagné cinquante-sept; et nul le regretta davantage que le roi Édouard, quoiqu'il lui eût plus d'une fois renvoyé ses archers après leur avoir fait crever l'œil droit et couper l'index, afin qu'ils ne pussent plus bander leurs arcs ni guider leurs flèches.

—Oui, oui, dit l'évêque de Cologne, le jeune léopard aurait voulu rencontrer le vieux lion, afin de savoir lequel avait meilleures dents et plus fortes griffes. — Vous l'avez deviné, monseigneur, répondit le jeune chevalier; voilà ce qu'il espérait tant que Douglas le

Noir était vivant, et voilà ce qu'il n'espère plus depuis que Douglas le Noir est mort. — A la mémoire de Douglas le Noir! glissa Gérard Denis, remplissant la coupe de Walter de vin du Rhin. — Et à la santé d'Édouard III d'Angleterre! ajouta d'Artevelle en jetant un regard d'intelligence au jeune chevalier et en se levant. — Oui, continua le marquis de Juliers, et puisse-t-il s'apercevoir enfin que Philippe de Valois siège sur un trône qui est à lui, dort dans un palais qui est à lui! et règne sur un peuple qui est à lui—Oh! c'est chose déjà faite, messeigneurs, je vous le jure, répondit Walter; et s'il croyait trouver de bons alliés...—Sur mon âme! ils ne lui manqueront pas, dit le sire de Fauquemont; et voici mon voisin le Courtraisien, qui est encore plus Flamand que Français, qui ne demandera pas mieux que d'appuyer ce que j'avance pour lui et pour moi, j'en suis sûr.—Certes! s'écria Zegher, je suis Flamand de nom, Flamand de cœur, et au premier mot...— Oui, dit d'Artevelle, au premier mot; mais qui le dira ce premier mot? Seront-ce vous, messeigneurs de Cologne, de Fauquemont ou de Juliers, qui relevez de l'empire, et qui ne pouvez faire la guerre sans le congé de l'empereur? Sera-ce Louis de Cressy, notre prétendu seigneur, qui est au Louvre de Paris avec sa femme et son enfant, en la cour de son cousin? Sera-ce l'assemblée des bonnes villes, qui encourt une amende de deux millions de florins et l'excommunication de notre saint-père le pape si elle commence les hostilités contre Philippe de Valois? C'est une dure besogne à entreprendre, et une plus dure encore à soutenir, croyez-moi, qu'une guerre avec nos voisins de France. Le tisserand Pierre Leroy, le poissonnier Hannequin (1), et votre père lui-même, messeigneurs de Cologne et de Juliers, en ont su quelque chose. Si cette guerre vient, eh bien! nous la soutiendrons avec

(1) Nom familier qu'on donnait à Zannec.

l'aide de Dieu. Mais, croyez-moi, si elle tarde, n'allons pas au-devant d'elle. Ainsi contentons-nous de cette santé, elle est belle. A la mémoire de Douglas mort, à la prospérité d'Edouard vivant!

A ces mots il vida son verre, et tous les convives, qui s'étaient levés, lui firent raison et se rassirent.

— La généalogie de votre faucon nous a entraînés plus loin que nous ne voulions aller, messire chevalier, continua l'évêque de Cologne après un moment de silence; mais elle nous a appris que vous veniez d'Angleterre; quelles nouvelles à Londres? — Mais on y parle beaucoup de la croisade que veut entreprendre Philippe de Valois contre les infidèles, à l'exhortation du pape Benoît XII; et l'on dit (vous devez savoir cela mieux que nous, messeigneurs, car vos communications sont plus faciles avec la France qu'elles ne le sont pour nous autres, qui gisons par delà la mer) que le roi Jean de Bohême, le roi de Navarre (1) et le roi Pierre d'Aragon (2) ont pris la croix avec lui. — C'est la vérité, répondit l'évêque de Cologne; mais, je ne sais pourquoi, je n'ai pas grande confiance en cette entreprise, quoiqu'elle soit prêchée par quatre cardinaux, le cardinal de Naples (3), le cardinal de Périgord (4) le cardinal Albano (5) et le cardinal d'Ostie (6). — Mais enfin, sait-on ce qui la retarde? reprit Wal-

(2) Philippe, comte d'Évreux, dit le Bon et le Sage.

(2) Pierre IV, dit le Cérémonieux.

(3) Annibal Ceccano, archevêque de Naples, créé cardinal par Jean XXII.

(4) Talleyrand de Périgord, évêque d'Auxerre, créé cardinal par le même pape en 1521.

(5) Gaucelin d'Eusa, neveu de Jean XXII, créé cardinal par lui en 1316.

(6) Bertrand Poyet, évêque d'Ostie, créé cardinal la même année et par le même pape.

ter. — Une querelle entre le roi d'Aragon et le roi Majorque, et dans laquelle Philippe de Valois s'est constitué arbitre. — Et cette querelle a-t-elle une cause sérieuse? — Oh! des plus sérieuses, répondit gravement l'évêque de Cologne : Pierre IV avait reçu hommage de Jayme II pour son royaume de Majorque et était allé rendre hommage du sien au pape d'Avignon; mais, malheureusement, pendant la cérémonie de l'entrée solennelle de ce prince dans la ville pontificale, l'écuyer du roi don Jayme donna un coup de fouet sur la croupe du cheval du roi d'Aragon; celui-ci mit l'épée à la main et poursuivit l'écuyer, qui se sauva à grand'peine : de là la guerre. Vous voyez que ce n'est pas à tort qu'on l'a surnommé *le Cérémonieux*. — Puis, il faut tout dire, ajouta d'Artevelle; au milieu des embarras suscités par ce prince, le roi David, d'Ecosse, et la reine sa femme sont arrivés à Paris, vu qu'Edouard III et Bailliol leur ont laissé en Ecosse un si petit royaume, qu'ils n'ont pas cru que cela valait la peine d'y rester pour quatre forteresses et une tour qu'ils y possèdent encore. Il est vrai que si le roi Philippe de Valois envoyait en Ecosse, au secours d'Alan Vipont ou d'Agnès la Noire, seulement le dixième de l'armée qu'il compte emmener en Terre sainte, cela pourrait diablement changer les affaires de ce côté. — Oh! je crois, repartit Walter avec négligence, qu'Edouard s'inquiète peu d'Alan Vipont et de son château de Lochleven, non plus que d'Agnès la Noire, toute fille de Thomas Randolph qu'elle est. Depuis le dernier voyage qu'il a fait en Ecosse, les choses sont bien changées; ne pouvant plus rencontrer Jacques Douglas, il s'en est vengé sur Archibald : le loup a payé pour le lion. Tous les comtés méridionaux lui appartiennent; les gouverneurs et les chérifs des principales villes sont à lui; Edouard Bailliol lui a fait hommage pour l'Ecosse, et si on le forçait d'y retourner, il prouverait à Alan Vipont que ses digues sont plus solides que celles de sir John Sterling; (1) à la comtesse de March, que les boulets qu'envoient les machines contre les remparts font mieux que la poussière (2); et si William Spons est encore à son service, le roi aura soin de se couvrir d'une armure d'assez bonne trempe pour que les gages d'amour d'Agnès la Noire ne pénètrent pas jusqu'à son cœur (3).

On en était là de la conversation lorsqu'elle fut interrompue par le bruit de la pendule qui sonnait neuf heures. Comme ce meuble était d'invention toute nouvelle, il attira l'attention des seigneurs; et d'Artevelle, lui-même, soit qu'il n'eût plus rien à faire servir, soit qu'il désirât donner le signal de la retraite, se leva, et s'adressant à Walter :

Sire chevalier, lui dit-il, je vois que vous êtes désireux, comme messeigneurs de Cologne et de Juliers, d'examiner le mécanisme de cette horloge. Approchez-vous donc, car c'est chose curieuse, je vous jure. Elle

(1) Sir John Sterling, assiégeant le château de Lochleven, qui est situé sur une île au milieu d'un lac, fit faire une digue à l'endroit de l'écoulement, espérant que les eaux monteraient et couvriraient l'île. En effet, le pied du château était déjà submergé lorsque Alan Vipont sortit une nuit et rompit l'écluse. L'eau, se précipitant alors avec violence, emporta une partie du camp de Sterling.

(2) Pendant le siége de son château par le comte de Salisbury, Agnès-la-Noire se promenait sur les remparts, époussetant avec son mouchoir les endroits où venaient frapper les pierres envoyées par les machines.

(3) Un jour que Salisbury faisait une reconnaissance autour du mur du château de Dumbar, une flèche, lancée par un archer écossais nommé William Spons, traversa la poitrine d'un chevalier qui se trouvait près de lui, quoiqu'il portât une triple cotte de maille sur une jaquette de cuir. « C'est un gage d'amour de la comtesse, dit froidement Salisbury en regardant tomber le chevalier; les traits d'Agnès-la-Noire pénètrent toujours jusqu'au cœur. »

était destinée au roi Edouard d'Angleterre; mais j'en
ai fait offrir un si bon prix au mécanicien qui l'a faite,
qu'il m'a donné la préférence.

— Et comment s'appelle ce traître, qui exporte les
marchandises anglaises malgré la défense de son roi?
dit Walter en riant. — Richard de Valingfort; c'est
un digne bénidictin, abbé de Saint-Alban, qui avait
appris la mécanique dans la forge de son père, et qui
a passé dix ans de sa vie sur ce chef-d'œuvre. Regardez : elle marque le cours des astres, et comment le
soleil fait, en vingt-quatre heures, le tour de la terre;
on y voit le mouvement du flux et du reflux de la mer.
Quant à la manière dont elle sonne, ce sont, vous le
voyez, des boules de bronze qui tombent sur un tim-
bre du même métal, en nombre égal à celui des heures qu'elles doivent marquer, et à chaque heure nouvelle un cavalier sort de son château et vient monter
la garde sur le pont-levis.

Après qu'on eut examiné à loisir cette merveille,
chacun prit congé, et Walter, qui était resté le dernier,
allait se retirer comme les autres, lorsque Jacquemart
lui posa la main sur l'épaule.

— Si je ne me trompe, seigneur chevalier, lui dit-
il, lorsque nous vous avons rencontré à la porte de notre
maison, en compagnie de Gérard Denis, vous ne fai-
siez que d'arriver dans la bonne ville de Gand? — A
l'instant même, répondit Walter. — Je m'en suis
douté; aussi me suis-je occupé de votre hôtellerie. —
J'avais chargé Robert de ce soin. — Robert était fati-
gué; Robert avait faim et soif; Robert n'aurait pas pris
le temps de vous trouver un logement digne de vous;
je l'ai envoyé dîner avec les serviteurs de nos autres
convives, et je me suis réservé le soin de vous conduire à votre appartement et de vous en faire les honneurs. — Mais un nouvel hôte, au moment où vous
avez déjà si nombreuse compagnie, non-seulement ne
peut manquer de vous causer un dérangement cousi-

dérable, mais encore donnera de l'importance de
l'arrivant une idée fort exagérée. — Quant au dérangement, vous pouvez être sans inquiétude; l'appartement que vous habiterez est celui de mon
fils Philippe, qui, n'ayant encore que dix ans, ne
sera pas fort dérangé par votre prise de possession;
il communique avec le mien par un couloir, ce
qui fait que vous pourrez venir chez moi ou moi
aller chez vous sans que personne en sache rien;
en outre, il a une entrée sur la rue, par laquelle
vous recevrez qui bon vous semblera. Quant à votre importance, elle sera mesurée à votre volonté
et non à votre condition, et pour moi, comme pour
tout le monde, vous ne serez que ce que vous voudrez
paraître. — Eh bien! dit Walter prenant son parti
avec la promptitude qu'il avait coutume d'apporter
dans ses décisions, j'accepte avec plaisir l'hospi-
talité que vous m'offrez, et j'espère vous la rendre un
jour à Londres. — Oh! répondit d'Artevelle d'un air
de doute, je ne crois pas que jamais mes affaires me
permettent de passer la mer. — Même pour aller con-
clure un grand achat de laines? — Vous savez bien,
messire, que l'exportation de cette marchandise est
interdite. — Oui, dit Walter; mais celui qui a donné
l'ordre peut le révoquer.—Ce sont là des choses de trop
grande importance, répondit d'Artevelle en posant un
doigt sur sa bouche, pour en parler debout près d'une
porte, et surtout quand cette porte est ouverte; on
ne traite à fond de pareilles affaires que le huis clos,
et assis tête à tête de chaque côté d'une table sur
laquelle est un bon flacon de vin épicé pour soutenir la conversation, et nous pouvons trouver tout
cela chez vous, messire Walter, si vous voulez y monter.

A ces mots, il fit un signe à un varlet qui, prenant
aussitôt à l'angle de la salle une torche de cire, marcha devant eux en les éclairant. Arrivés à la porte de

l'appartement, il l'ouvrit et se retira : Walter et d'Artevelle entrèrent, et ce dernier ferma la porte derrière eux.

VI

Walter trouva en effet préparé d'avance tout ce que Jacquemart avait jugé être le corollaire indispensable d'une conversation diplomatique : une table était au milieu de la chambre; de chaque côté de cette table deux grands fauteuils vides attendaient les disouteurs, et sur cette table un énorme hanap d'argent promettait au premier coup d'œil de suffire à humecter largement la discussion, si longue, si importante, si échauffée qu'elle dût l'être.

— Messire Walter, dit d'Artevelle demeurant près de la porte, avez-vous l'habitude de remettre au lendemain les choses importantes que vous pouvez traiter tout de suite? — Maître Jacquemart, répondit le jeune homme s'appuyant sur le dossier du fauteuil et croisant l'une de ses jambes sur l'autre, faites-vous vos affaires avant ou après souper, la nuit ou le jour? — Mais quand elles sont importantes, dit d'Artevelle en s'approchant de la table, je n'ai pas d'heure. — C'est comme moi, répondit Walter s'asseyant : mettez-vous donc là et causons. D'Artevelle s'empara de l'autre fauteuil avec une vivacité qui indiquait le plaisir qu'il éprouvait à se conformer à cette invitation. — Maître Jacquemart, continua Walter, vous avez parlé pendant le souper de la difficulté d'une guerre entre la Flandre et la France. — Messire Walter, dit d'Artevelle, vous avez dit quelques mots après le souper sur la facilité d'un traité de commerce

entre la Flandre et l'Angleterre. — Le traité présente
de grandes difficultés; cependant il est faisable. —
La guerre a des chances dangereuses; cependant avec
de la prudence on peut tout risquer. — Allons, je
vois que nous nous entendrons; maintenant marchons
au but et ne perdons pas de temps. — Mais avant
que je réponde à aucune question, il est important
que je sache qui me les fait. — L'envoyé du roi
d'Angleterre, et voilà ses pleins pouvoirs, dit Walter
tirant un parchemin de sa poitrine. — Et auprès de
qui est accrédité cet ambassadeur?— Près de celui
qui est souverain maître des affaires de Flandre. —
Alors ces lettres de créance viennent directement?...—
Du roi Edouard; comme l'atteste son cachet et comme
le prouvera sa signature. — Ainsi monseigneur le roi
d'Angleterre n'a point dédaigné d'écrire au pauvre
brasseur Jacquemart, dit celui-ci avec un sentiment
de vanité mal déguisée sous l'apparence du doute. Je
suis curieux de savoir quel titre il lui a donné : celui de
frère appartient aux rois, celui de *cousin* aux pairs,
et celui de *messire* aux chevaliers; je ne suis ni roi, ni
pair, ni chevalier. — Aussi en a-t-il choisi un moins
emphatique, mais aussi plus amical que tous ceux
que vous venez de citer : voyez.

D'Artevelle prit la lettre des mains de Walter, et,
quoiqu'il eût grande envie intérieurement de savoir
dans quels termes lui écrivait un roi aussi puissant
qu'Edouard, il parut n'attacher qu'un intérêt secon-
daire à la formule de l'adresse en s'occupant d'autre
chose auparavant.

— Oui, oui, dit-il jouant avec le sceau royal, voilà
bien les trois léopards d'Angleterre : un pour chaque
royaume; et c'est assez pour le défendre, ou, ajouta-t-il
en riant, pour le dévorer. C'est un noble et grand roi
que monseigneur Edouard et, sévère justicier dans
son royaume. Voyons ce qu'il nous fait l'honneur de
nous dire : « Edouard III d'Angleterre, duc de

Guienne, pair de France, à son *compère* Jacques d'Artevelle, député de la ville de Gand et représentant le duc de Flandre.

» Sachez que nous accréditons près de vous le chevalier Walter, nous engageant à reconnaître pour bon et valable tout traité de guerre, d'alliance ou de commerce, qu'il signera avec vous. Edouard. » C'est bien, comme vous l'avez dit, son sceau et sa signature.

— Alors vous reconnaissez que je suis son représentant? — Plein et entier, c'est incontestable. — Eh bien, parlons franc, vous voulez la liberté de commerce avec l'Angleterre? — Il entre dans vos projets de faire la guerre à la France? — Vous voyez que nous avons besoin l'un de l'autre, et que les intérêts d'Edouard et de Jacques d'Artevelle, quoique bien différents en apparence, se touchent en réalité. Ouvrez vos ports à nos soldats, nous ouvrirons les nôtres à vos marchands. — Vous allez vite en besogne, mon jeune ami, dit Jacquemart en souriant : lorsqu'on entreprend une guerre ou une spéculation, c'est dans le but qu'elle réussisse, n'est-ce pas? eh bien, le moyen de réussir en toute chose est d'y penser longuement, et, lorsqu'on y a pensé longuement, de ne commencer à l'entreprendre qu'avec trois chances de réussite. — Nous en aurons mille. — Voilà une réponse qui ne répond à rien. Prenez garde de vous tromper aux armes de France : vous les prenez pour des fleurs de lis, et ce sont des fers de lance. Croyez-moi, si vos léopards tentent seuls l'entreprise, ils y useront leurs griffes et leurs dents, sans faire rien qui vaille. — Aussi Edouard ne commencera-t-il la guerre que sûr de l'appui du duc de Brabant, des seigneurs de l'empire et des bonnes villes de Flandre. — Voilà justement où est la difficulté. Le duc de Brabant est d'un caractère trop irrésolu pour prendre parti, sans fortes raisons, entre Edouard III et Philippe VI. — Vous ignorez peut-être

que le duc de Brabant est cousin germain du roi d'Angleterre. — Non pas, non pas, je sais cela aussi bien
qu'homme du monde; mais je sais aussi qu'il est for-
tement question d'un mariage entre le fils du duc de
Brabant et une fille de France; et la preuve, c'est que
le jeune prince a rendu sa parole au comte de Hainaut
dont il devait épouser la fille Isabelle. — Diable! fit
Walter; mais il me semble, au moins, que cette irrésolution dont vous parlez n'a pas gagné les autres seigneurs de l'empire, et que le comte de Juliers, l'évêque
de Cologne, le sire de Fauquemont et le Courtraisien
ne demandent pas mieux que de se mettre en campagne.—Oh! la chose est vraie, seulement les trois premiers relèvent de l'empire et ne peuvent faire la guerre
sans le congé de l'empereur. Quant au quatrième, il est
libre; mais ce n'est qu'un simple chevalier possédant
fief de haubert; c'est-à-dire qu'il aidera le roi Edouard
de sa personne et de celle de ses deux varlets, voilà
tout. — Par saint Georges, dit Walter, je puis au
moins compter sur les bonnes gens de Flandre? —
Encore moins, seigneur chevalier, car nous sommes
liés par serment, et nous ne pouvons faire la guerre
au roi de France sans encourir une amende de 2,000,000
de florins et l'excommunication papale. — Sur mon
âme, s'écria Walter, vous m'avez dit qu'une guerre
avec la France était dangereuse, vous auriez dû dire,
ce me semble, qu'elle était impossible.—Rien n'est impossible dans ce monde pour qui se donne la peine de
faire le tour des choses; il n'y a pas d'irrésolution qu'on
ne fixe, de traité qu'on ne puisse battre en brèche avec
un bélier d'or, et de serment qui n'ait une porte de derrière dont l'intérêt est la sentinelle.—Je vous écoute,
dit Walter. — D'abord, continua d'Artevelle sans paraître remarquer l'impatience du jeune chevalier, lais-
sons de côté ceux qui, d'avance, sont pour le roi Philippe et pour le roi Edouard, et que rien ne peut faire
changer de parti. — Le roi de Bohême? —Sa fille a

épousé le dauphin Jean. — L'évêque de Liège? —Philippe lui fera promettre le cardinalat.—Les ducs d'Autriche Albert et Othon?—Etaient à vendre, mais ils sont achetés. Quant au roi de Navarre et au duc de Bretagne, ce dont les alliés naturels de Philippe. Voilà donc ceux qui sont pour la France; passons à ceux qui seront pour l'Angleterre. — D'abord Guillaume de Hainaut, beau-père du roi Edouard.—Vous savez qu'il se meurt de la goutte. — Son fils lui succédera, et je suis sûr de l'un comme de l'autre. Ensuite, Jean de Hainaut, qui est à cette heure à la cour d'Angleterre, et qui a déjà fait promesse au roi. — S'il a promis, il tiendra. — Renaud de Gueldres, qui a épousé la princesse Eléonore, sœur du roi. —Très-bien; après? — C'est tout, dit Walter. Voilà nos amis et nos ennemis sûrs. — Passons alors à ceux qui ne sont encore ni pour l'un ni pour l'autre. — Ou qu'un grand intérêt peut faire passer de l'un à l'autre. — C'est la même chose. Commençons par le duc de Brabant. — Vous me l'avez peint comme un homme tellement irrésolu, qu'il serait difficile de lui faire adopter un parti. — Oui : mais un défaut balance l'autre; j'ai oublié de vous dire qu'il était plus avare encore qu'irrésolu. — Edouard lui donnera 50,000 livres sterling s'il le faut, et prendra à sa solde les hommes d'armes qu'il lui enverra. — Voilà ce qui s'appelle parler. Je vous réponds du duc de Brabant. — Maintenant passons au comte de Juliers, à l'évêque de Cologne et au sire de Fauquemont. — Ah! ce sont de braves seigneurs, dit d'Artevelle, riches et puissants, qui fourniraient chacun mille armures de fer s'ils en recevaient l'autorisation de Louis de Bavière, leur empereur. — Mais il y a un traité, n'est-ce pas, entre le roi de France et lui? — Oui, un traité formel et positif, par lequel le roi de France s'engage à ne rien acquérir sur les terres de l'empire. — Mais attendez donc, s'écria Walter; il me semble... — Quoi? dit d'Artevelle en riant. — Que, contrairement

à ce traité, le roi Philippe a acquis le château de Crève-
cœur en Cambrésis, et le château d'Arleux-en-Puelle;
ces châteaux sont terres de l'empire et hauts fiefs re-
levant de l'empereur. — Allons donc, dit Jacquemart
comme s'il voulait pousser Walter en avant. — Et ces
achats sont suffisants pour motiver une guerre.—Surtout lorsque le roi Edouard en supportera les dépenses
et les dangers. — Je chargerai demain le comte de Juliers d'aller trouver l'empereur.—Et en vertu de quels
pouvoirs?—J'ai des blancs seings du roi Edouard. —
Bravo! voilà deux de nos difficultés résolues. — Reste
la troisième. — Et la plus scabreuse. — Et vous dites
que les bonnes villes de Flandre ont un traité par lequel, en cas d'hostilité de leur part contre Philippe de
Valois... — Non pas contre Philippe de Valois, contre
le roi de France; le texte est positif. — Philippe de
Valois ou le roi de France, n'importe. — Il importe
beaucoup, au contraire. — Enfin, dans le cas d'hostilité contre le roi de France, les bonnes villes doivent
payer 2,000,000 de florins et encourir l'excommunication du pape. Eh bien! ces 2,000,000 de florins,
Edouard les payera; quant à l'excommunication papale... — Mais, mon Dieu, ce n'est pas tout cela, dit
Jacquemart: les 2,000,000 de florins sont une baga-
telle, et quant à l'interdit, nous en serions quitte pour
faire lever par le pape de Rome l'excommunication du
pape d'Avignon. Mais il y a quelque chose de plus sacré
que tout cela pour des commerçants, c'est leur parole,
leur parole, qui vaut de l'or d'un bout du monde à
l'autre, et qui une fois faussée, ne se réhabilite jamais.
Ah! jeune homme, cherchez bien, continua Jacquemart; il y a des moyens pour tout, mon Dieu; il ne
s'agit que de les découvrir : vous comprenez de quelle
importance il est pour le roi Edouard de trouver derrière lui, en cas de revers, la Flandre avec ses forteresses et ses ports. — Sur Dieu, dit Walter, c'est son
avis aussi, et voilà pourquoi je suis venu en son nom

pour m'entendre directement avec vous. — Alors, si l'on trouvait moyen de concilier la parole de la Flandre avec les intérêts de l'Angleterre, le roi Edouard serait disposé à faire quelques sacrifices? — D'abord, le roi Edouard rendrait aux Flamands Lille, Douai et Béthune, qui sont trois portes que la France tient ouvertes et que la Flandre tiendrait fermées. —Ceci est déjà bien. — Le roi d'Angleterre raserait et brûlerait l'île de Cadsand, qui est un repaire de pirates flamands et français, et qui empêche le commerce des pelleteries avec le Danemarck et la Suède.—L'île est forte. — Gauthier de Mauny est brave. — Ensuite? — Ensuite le roi Edouard lèverait la défense d'exportation qu'il a mise sur les laines du pays de Galles et sur les cuirs du comté d'York; de sorte que le commerce se ferait librement entre les deux nations. — Et une pareille union serait véritablement selon les intérêts de la Flandre, dit d'Artevelle. — Et le premier envoi, qui se composerait de vingt mille sacs de laine, serait directement adressé à Jacques d'Artevelle, qui... — Qui le distribuerait à l'instant aux manufacturiers, attendu qu'il est brasseur et non marchand de drap. — Mais qui accepterait bien une commission de cinq esterlins par sac?—Ceci est justice, et selon les règles du commerce, répondit Jacquemart; le tout est maintenant de trouver moyen de faire cette guerre sans manquer à notre parole : y êtes-vous? — Point, répondit Walter, et je crois que je chercherais vainement, étant peu expert en pareille matière. — Il me vient une idée, reprit d'Artevelle en regardant fixement Walter et en dissimulant mal un sourire de supériorité. A quel titre Edouard III veut-il faire la guerre à Philippe de Valois? — Mais à titre de véritable héritier du royaume de France, auquel il a des droits par sa mère Isabelle, sœur de Charles IV, puisqu'il est neveu du roi mort et que Philippe n'en est que le cousin germain. — Eh bien! dit d'Artevelle, qu'Edouard encharge les lis, les

écartèle des léopards d'Angleterre, et prenne le titre
de roi de France.—Alors?—Alors... nous lui obéirons
comme au roi de France, et vu que nos obligations
sont envers le roi de France, et non pas, comme je vons
le disais, envers Philippe de Valois. nous demanderons
à Edouard quittance de notre foi, et Edouard nous la
donnera comme roi de France. — C'est vrai, dit Walter.— Et nous n'aurons pas manqué à notre promesse.
—Et vous nous aiderez dans la guerre contre Philippe
de Valois? — De tout notre pouvoir.

    — Vous nous aiderez de vos soldats, de vos villes et
de vos ports? — Sans aucun doute. — Sur mon
âme, vous êtes un habile casuiste maître d'Artevelle.
— Et c'est en cette qualité que je vous ferai une dernière observation. — Laquelle? — C'est que le roi
Edouard a fait hommage au roi de France, comme à
son seigneur suzerain, pour le duché de Guienne.
— Oui, mais cet hommage est nul, s'écria Walter.
—Et comment cela? dit d'Artevelle. — Parce que,
s'écria Walter oubliant son rôle, parce que je l'ai fait
de bouche et de paroles seulement, mais sans mettre
mes mains entre les mains du roi de France. — En ce
cas, sire, dit d'Artevelle en se levant et se découvrant,
en ce cas, vous êtes libre! — Allons, tu es plus fin
que moi, compère, dit Edouard en tendant la main à
d'Artevelle. —Et je prouverai à Votre Altesse, répondit Jacquemart en s'inclinant, que les exemples de confiance et de loyauté qu'on me donne ne sont pas perdus.

VII

Chacun des deux interlocuteurs avait dit vrai;
Edouard III, soit hasard, soit prévoyance, n'avait pas,

lorsqu'il rendit hommage au roi de France dans la cité d'Amiens, placé ses mains entre celles de Philippe de Valois. Aussi, la cérémonie terminée, le suzerain se plaignit-il au vassal de cette omission; celui-ci répondit qu'il ne savait pas que tel était l'usage de ses devanciers, mais qu'il allait retourner en Angleterre, et consulter les chartes et priviléges où les conditions de l'hommage étaient consignées : en effet, de retour à Londres, Edouard fut forcé de convenir qu'un point important avait été omis par lui, et consentit que les lettres patentes qui devaient constater que tout s'était passé dans les règles corrigeassent cette omission, en certifiant, quoique la chose ne fût pas vraie, que la foi avait été jurée *les mains du roy d'Angleterre mises entre les mains du roy de France.*

Il en résulte qu'Edouard, aussi habile casuiste que Jacques d'Artevelle, ne se croyait pas engagé par cet acte d'hommage, qui mentionnait comme entière une reconnaissance de vassalité qui véritablement était restée incomplète; de leur côté, les villes de Flandre se trouvaient, ainsi que nous l'avons vu, par l'arbitrage du pape, engagées avec Philippe de Valois; de sorte que, par le moyen indiqué à Edouard, elles échappaient à la fois à l'amende pécuniaire et à l'excommunication papale. Tout cela était peut-être un peu bien subtil, pour une époque où chevaliers et commerçants tenaient encore à honneur de garder fidèlement leur parole; mais cette rupture avec la France était si favorable aux intérêts d'Edouard III et de Jacques d'Artevelle, qu'il faut encore leur savoir gré d'avoir fait ce qu'ils ont pu pour donner à leurs agressions ce faux air de loyauté. Or, les choses convenues et arrêtées comme nous l'avons dit au dernier chapitre avec Jacques d'Artevelle, Edouard III n'avait plus qu'une chose à faire avant de commencer à les mettre à exécution; c'était d'attendre le retour des ambassadeurs qu'il avait envoyés à Jean de Hainaut, son beau-père,

et à monseigneur Adolphe de Lamark, évêque de Liège.
Ce retour devait être des plus prochains, les envoyés
ne devant pas retourner en Angleterre, mais revenir à
Gand attendre les ordres du roi, qu'ils ignoraient les
avoir précédés dans cette ville, et qui ne devait pas
les y attendre si le but de sa conférence avec Artevelle avait été manqué. Cependant il n'en conserva
pas moins son incognito; mais, désirant à tout hasard,
et malgré la confiance qu'il avait en son nouvel allié,
trouver, au cas de besoin, un point de défense à sa
portée, il écrivit à Gauthier de Mauny de rassembler
cinq cents armures de fer et environ deux mille archers
et de venir, avec cette assemblée, prendre l'île de Cadsand, qui, commandant l'embouchure de l'Escaut oc-
cidental, devait en cas de trahison, lui offrir un lieu
de retraite et de défense : cette prise devait paraître
d'autant plus naturelle, qu'au premier aspect elle semblait non pas une précaution inspirée par la crainte,
mais purement et simplement l'accomplissement d'une
promesse faite : cette première disposition arrêtée, le
roi apprit l'arrivée de ses deux ambassadeurs. Ce ne
fut pas sans inquiétude que les envoyés virent qu'E-
douard lui-même les attendait à Gand; mais ils connais-
saient la prudence du roi, et savaient que son caractère, tout aventureux qu'il était, ne l'entraînait jamais
plus loin qu'il n'avait résolu d'aller : ils se rassurèrent
donc promptement, et surtout les chevaliers, au courage desquels toute expédition hasardée était sympa-
thique et familière; l'évêque de Lincoln seul hasarda
quelques observations; mais Edouard l'interrompit pré-
textant le vif désir qu'il avait de connaître le résultat de
la double ambassade. L'évêque de Liège avait refusé
toute alliance contre le roi Philippe, et n'avait, quel
que offre que les messagers eussent pu lui faire, voulu
entendre à rien contre la France. Quant à monseigneur
le comte de Hainaut, les envoyés d'Edouard l'avaient
trouvé dans son lit, où le retenait, ainsi que l'avait dit

d'Artevelle, une violente attaque de goutte. Néanmoins
sachant de quelle part ils venaient et que son frère se
trouvait parmi eux, il les avait fait entrer à l'instant
même; puis, après les avoir écoutés avec une profonde
attention, il avait répondu qu'il aurait grande joie que
le roi d'Angleterre pût réussir en son dessein, attendu
qu'il devait bien penser qu'il l'aimait plus chèrement,
lui, qui était son gendre, que le roi Philippe, son beau-
frère, qui venait de le dégager de tous égards envers
lui en détournant le jeune duc de Brabant du mariage
arrêté depuis longtemps entre lui et Isabelle de
Hainaut, pour lui donner sa propre fille; que, par
cette raison donc, il aiderait de tout son pouvoir son cher et aimé fils le roi d'Angleterre. Mais il
avait ajouté que, pour la réussite d'un pareil projet,
il fallait une aide plus forte que la sienne; que le Hainaut était un bien petit pays, eu égard au royaume de
France, et que l'Angleterre gisait trop loin pour le secourir. — Cher frère, avait alors interrompu Jean de
Hainaut, ce que vous dites est si juste que nous ne
doutons pas que les conseils que vous nous donnerez
ne soient les seuls à suivre : ainsi veuillez donc dire ce
qu'il nous convient de faire en cette circonstance. —
Sur mon âme, avait répondu le comte, je ne saurais
aviser seigneur plus puissant pour l'aider en ses be-
sognes que le duc de Brabant, qui est son cousin germain, puis après lui le comte de Gueldre, qui a épousé
Eléonore, sa sœur; monseigneur Valrame de Juliers,
archevêque de Cologne; le comte de Juliers, messire
Arnoult de Blankenheym et le sire de Fauquemont;
car ils sont tous bons guerriers, et lèveront bien, si le
roi d'Angleterre veut se charger de tous les frais de
la campagne, huit à dix mille armures de fer; que, si
le roi, mon fils et votre sire, avait tous ces seigneurs
pour lui et avec lui, je n'hésiterais pas alors de lui dire
de passer la mer et d'aller combattre le roi Philippe jusqu'au delà de la rivière d'Oise.—Vous dites sagement,

très-cher frère, et il sera fait ainsi que vous dites, avait répondu Jean de Hainaut. Et, sachant avec quelle impatience Edouard l'attendait, il était, malgré les instances du comte, parti le même jour, avec Guillaume de Salisbury, son compagnon de voyage, pour se rendre au rendez-vous donné, quoiqu'il fût loin de penser que le roi Edouard l'y attendait en personne.

Nous avons vu comment le hasard, d'accord avec les bons conseils du comte de Hainaut, avait mis d'avance le roi d'Angleterre en relation avec l'évêque de Cologne, le comte de Juliers et le sire de Fauquemont, lorsque, sous le nom de Walter, il avait assisté au souper de Jacques d'Artevelle. Edouard était depuis lors certain de trouver en eux, sauf l'agrément de l'empereur, des alliés loyaux et braves. Il n'y avait donc plus à s'occuper que du duc de Brabant et de Louis V de Bavière, qui tenait le trône impérial.

Les deux ambassades repartirent donc immédiatement; cette fois, elles étaient adressées au duc de Brabant et à l'empereur. Les envoyés devaient invoquer auprès du duc de Brabant ses relations d'amitié et de famille, qui l'unissaient au roi d'Angleterre, et tâcher d'obtenir de lui une participation armée et agressive aux projets d'Edouard contre la France. Quant à l'empereur, ils étaient chargés de lui rappeler que Philippe de Valois, contrairement à son traité, qui lui défendait de rien acheter sur les terres de l'empire, avait acquis la forteresse de Crève-cœur en Cambrésis et le château d'Arleux-en-Puelle, et de lui dire de la part du roi Edouard que celui-ci ferait de son droit le sien, et de sa querelle la sienne, à la seule condition que l'empereur accorderait aux seigneurs qui relèveraient de lui la permission de défier le roi de France.

Cependant Gauthier de Mauny avait reçu à Londres l'ordre du roi, et s'était empressé de le mettre à exécution; outre son attachement personnel à Edouard d'Angleterre, auquel, comme nous l'avons dit, il était allié par la reine, il était prédisposé, par son caractère aventureux, à toute entreprise où il y avait courage à déployer et renommée à acquérir. L'expédition proposée était donc à la fois selon son devoir comme fidèle serviteur et selon son désir comme brave chevalier. Il fit, en conséquence, et sans perdre un instant, part de l'ordre du roi au comte de Derby, fils du comte de Lancastre au cou tors, au comte de Suffolk, à messire Regnault de Cobham, à messire Louis de Beauchamp, à messire Guillaume Fitz Warwick, et au sire de Beauclerc, qu'il avait choisis pour partager avec lui l'honneur de cette dangereuse bachellerie. Chacun aussitôt fit de son côté ses pourvoyances; des bâtiments de guerre remontèrent la Tamise jusqu'à Londres, où on les chargea d'armes et de vivres; deux mille archers furent réunis et embarqués; enfin les chevaliers et écuyers se rendirent à leur tour à bord des vaisseaux, qui désancrèrent immédiatement, et vinrent, en profitant du reflux, coucher, dès cette première marée, en face de Gravesende. Le lendemain ils ne s'arrêtèrent qu'à Margate; enfin, le troisième jour, ils entrèrent en mer, et voguèrent et nagèrent tant et si bien, à la voile et à la rame, qu'ils eurent connaissance des terres de Flandre. Aussitôt ils rallièrent leurs vaisseaux, firent toutes les dispositions de débarquement, et, toujours côtoyant la rive, ils arrivèrent enfin en vue de l'île de Cadsand, vers onze heures du matin, la veille de la Saint-Martin d'hiver.

Au premier coup d'œil qu'ils jetèrent sur l'île, les chevaliers anglais s'aperçurent qu'il fallait renoncer à l'espoir de la surprendre ; les sentinelles les avaient déjà aperçus et avaient donné l'alarme; de sorte qu'ils voyaient toute la garnison, qui se composait de dix mille hommes au moins, sortir des remparts et se ranger en bataille sur la plage. Cependant, comme ils avaient le vent et la marée pour eux, ils jurèrent Dieu et saint Georges qu'ils approcheraient. Ils ordonnèrent

donc les vaisseaux sur une seule ligne, s'armèrent et
appareillèrent vivement, firent sonner les trompettes,
et cinglèrent vers la ville. Dès lors il n'y eut plus de
doute pour ceux de Cadsand; d'ailleurs à mesure que
les assaillants approchaient, la garnison pouvait reconnaître leurs pennons rangés en ordonnance, et les
regarder faire leurs chevaliers, qui furent, en vue de
la côte, armés au nombre de seize.

Si les Anglais comptaient dans leurs rangs un bon
nombre de chevaliers apperts et braves, leurs ennemis
n'étaient pas moins riches qu'eux en hommes de courage et de science. Au premier rang on distinguait
messire Guy de Flandre, frère bâtard du comte Louis,
qui haranguait ses compagnons et les exhortait à bien
faire; puis le dukere de Hallewyn, messire Jean de
Rhodes, et messire Gilles de l'Estriff; et comme ils
voyaient sur le pont de leurs vaisseaux les Anglais faire
leurs chevaliers, ils ne voulurent point être en reste
avec eux, et commencèrent d'armer les leurs; et là
furent armés, de la part des Flamands, messire Simon
et Pierre Brulledent, messire Pierre d'Englemoustiers,
et plusieurs autres braves compagnons et nobles hommes d'armes, si bien que lorsque les vaisseaux furent
près de la plage, comme les deux partis, ardents de
haine et de courage, désiraient, autant d'une part que
de l'autre, en venir aux mains, il n'y eut ni sommation faite ni réponse donnée, chacun poussa son cri
de guerre, et à l'instant, comme ils se trouvaient à
portée, tout en continuant d'avancer pour atterrir,
les archers anglais firent tomber une pluie de
flèches sur ceux de l'île, si terrible et si précipi-
tée, que, quel que fût le courage de ceux qui gar-
daient le havre, comme ils ne pouvaient rendre la
mort qu'ils recevaient, il leur fallut reculer; car ils
préféraient un combat corps à corps sur la plage à
cette lutte éloignée, dans laquelle les Anglais avaient
tout l'avantage. Ils se retirèrent donc hors de portée

du trait, et les Anglais prirent terre; mais à peine en
virent-ils la moitié sur la plage, que leurs adversaires
revinrent sur eux avec un tel choc, que ceux qui avaient
déjà débarqué furent obligés de reculer, de sorte que
les chevaliers qui étaient encore sur les vaisseaux ne
sachant où descendre, et poussés cependant par ceux
qui venaient derrière eux, furent obligés de sauter
dans la mer. Au même instant on entendit au milieu
du tumulte la voix forte de Gauthier de Mauny qui se
rejetait en avant en criant : *Lancastre au comte de
Derby.* En effet, ce dernier avait reçu un coup de
masse sur la tête, et dans le mouvement rétrograde
qu'ils avaient fait, les Anglais l'avaient abandonné évanoui sur le champ de bataille; de sorte que les Flamands, lui voyant à la tête un heaume couronné,
avaient jugé que c'était un grand seigneur, et l'emportaient déjà, lorsque Gauthier de Mauny, le voyant
entre les mains des Flamands, sans attendre plus grand
renfort, se rejeta de nouveau au milieu de ses adversaires, et de son premier coup de hache abattit mort
à ses pieds messire Simon Brulledent, qui venait d'être
fait chevalier. Ceux qui emportaient le comte de Derby
le lâchèrent; il retomba sur le sable, toujours évanoui;
Gauthier de Mauny lui mit le pied sur le corps, et le
défendit ainsi sans reculer d'un pas, jusqu'à ce qu'il
fût revenu à lui. Au reste, il n'était qu'étourdi et non
blessé; de sorte qu'à peine eut-il repris ses sens qu'il
se releva, ramassa la première épée et se remit à combattre sans prononcer une parole, et comme si rien
n'était arrivé, remettant à un autre moment de faire
ses remercîments à Gauthier de Mauny, et jugeant
que, pour l'heure, le mieux était de frapper dure-
ment, afin de regagner le temps perdu. Ainsi faisait-
on de toutes parts. Cependant, quoique les Flamands
ne reculassent pas d'un pas encore, l'avantage était
visiblement aux Anglais, grâce à leurs merveilleux
archers, ces éternels artisans de leurs victoires. Ils

étaient restés sur leurs vaisseaux, dominant le
champ de bataille, et choisissaient au milieu de la
mêlée, comme ils eussent pu faire de cerfs et de daims
dans un parc, ceux des Flamands qu'ils devaient per-
cer de leurs longues flèches, si dures et si acérées que
les cuirasses d'Allemagne leur résistaient seules, mais
qu'elles perçaient comme du carton et du filet les jacques de cuir et les cottes de maille. De leur côté, les
Flamands faisaient merveille. Quoique décimés par cette
pluie mortelle, dont tout leur courage ne pouvait les
garantir, ils tenaient, comme nous l'avons dit, avec
acharnement. Enfin, messire Guy, bâtard de Flandre,
tomba à son tour sous un coup de hache du comte de
Derby, et le même combat fut livré sur son corps, qui
s'était engagé sur le corps de celui qui venait de l'a-
battre; mais cette fois avec une fortune différente, car,
en le voulant secourir, le dukere de Hallewyn, messire
Gilles de l'Estriff et Jean Brulledent furent tués : il ne
restait donc des chefs que messire Jean de Rhodes,
encore était-il blessé à la figure d'une flèche, que,
n'ayant pu l'arracher entièrement parce qu'elle était
entrée dans l'os, il avait cassée à deux pouces de la joue.

Il essaya d'ordonner une retraite; mais la chose
était impossible. La prise de messire Guy de Flandre,
la mort de vingt-six chevaliers qui étaient tombés en
le défendant, cette grêle éternelle de flèches qui pleu-
vait des vaisseaux au point que le rivage ressemblait
à un champ tout hérissé d'épis, démoralisèrent ses soldats, qui s'enfuirent vers la ville; alors messire Jean de
Rhodes, ne pouvant faire plus, se fit tuer à son tour
où s'étaient fait tuer tous les autres. Dès ce moment,
il n'y eut pas combat, mais boucherie : vainqueurs et
vaincus entrèrent pêle-mêle à Cadsand; on se battit de
rue en rue et de maison en maison; enfermée comme
elle l'était d'un côté par l'Océan, de l'autre par un bras
de l'Escaut, la garnison tout entière, ne pouvant fuir,
fut tuée ou se rendit prisonnière, et sur six mille hom-

mes qui la composaient quatre mille restèrent sur le
champ de bataille. Quant à la ville, prise comme elle
l'avait été, d'assaut et sans capitulation, elle fut mise
au pillage; tout ce qui avait quelque valeur fut trans-
porté sur les vaisseaux, puis le feu mis aux maisons;
les Anglais attendirent qu'elles tombassent toutes jusqu'à la dernière: puis enfin ils s'embarquèrent, laissant
cette île, la veille si peuplée et si florissante, nue, dé-
serte et rasée, comme si elle était demeurée sauvage
et inhabitée depuis le jour où elle sortit du sein de la mer.

Pendant ce temps les négociations politiques avaient
marché à l'égal des expéditions guerrières; la double
ambassade était revenue à Gand. Le duc de Brabant
consentait à se joindre à Edouard, à la condition que
celui-ci lui payerait la somme de dix mille livres sterling comptant, et celle de soixante mille à terme : il
s'engageait en outre à lever douze cents hommes d'armes, à la seule condition que le roi d'Angleterre payerait leur solde; de plus, il lui offrait, à titre de parent
et d'allié, son château de Louvain, comme une résidence
bien plus digne de lui que la maison du brasseur Jacques d'Artevelle.

Quant à Louis V de Bavière, sa réponse n'était pas
moins favorable : le comte de Juliers, qu'Edouard
avait adjoint à ses ambassadeurs, l'avait trouvé à Flo-
remberg, et lui avait exposé la proposition du roi d'Angleterre. Alors Louis V avait consenti à le nommer son
vicaire pour tout l'empire, titre qui lui donnait le droit
de faire battre monnaie d'or et d'argent à l'effigie de
l'empereur, et lui conférait le pouvoir de lever des
troupes en Allemagne; deux envoyés de l'empereur
accompagnaient le retour de l'ambassade, afin de ré-
gler à l'instant même avec le roi d'Angleterre l'époque,
le lieu et les détails de la cérémonie. Quant à messire
de Juliers, l'empereur, pour lui témoigner la satisfac-
tion qu'il éprouvait de l'ouverture dont il était l'intermédiaire, de comte qu'il était, l'avait fait marquis.

Le lendemain, Gauthier de Mauny arriva à son tour.
après avoir laissé sa flotte dans le port d'Ostende; il
venait annoncer à Edouard que ses ordres étaient accomplis, et qu'il pouvait faire passer la charrue et se-
mer du blé sur la place où s'était élevé jusqu'à cette
heure ce nid de pirates flamands qu'on appelait la ville
de Cadsand.

VIII

Cependant le roi Philippe de Valois, contre lequel
se faisaient ces grands préparatifs de guerre, ignorant
qu'il était de ce qui se tramait contre lui, s'apprêtait
de son côté à aller combattre outre-mer les ennemis
de Dieu : la croisade avait été prêchée avec une ardeur
toute nouvelle, et le roi de France, voyant, au dire de
Froissard, son royaume gras, plein et dru, s'était dé-
claré le chef de cette sainte entreprise et s'était occupé
immédiatement des moyens de l'exécuter : en conséquence, il avait préparé le plus bel appareil de guerre
qui jamais eût été vu depuis Godefroy de Bouillon et
le roi saint Louis : depuis 1336 il avait retenu les ports
de Marseille, d'Aiguemortes, de Cette et de Narbonne,
et les avait peuplés d'une telle quantité de vaisseaux,
de nefs, de galères et de barges, que ces bâtiments
pouvaient suffire au transport de soixante mille hommes, armes, vivres et bagages. En même temps il
avait envoyé des messages à Charles-Robert, roi de
Hongrie, qui était un religieux et vaillant homme, le
priant de tenir ses pays ouverts, afin d'y recevoir les
pèlerins de Dieu. Il en avait fait autant pour les Génois,
les Vénitiens, et avait adressé pareille signification à
Hugues IV, de Lusignan, qui tenait l'île de Chypre, et à

Pierre II, roi d'Aragon et de Sicile : il avait fait en outre
prévenir le grand prieur de France en l'île de Rhodes, afin de pourvoir l'île de vivres, et s'était adressé
aux chevaliers de Saint-Jean de Jérusalem, afin de
trouver approvisionnée, lors de son passage, l'île de
Crète, qui était leur propriété. Or tout était prêt en
France et tout le long de la route; trois cent mille hommes avaient pris la croix et n'attendaient plus pour partir
que le congé du chef, lorsque Philippe de Valois
apprit les prétentions d'Edouard III à la couronne
de France et ses premières démarches près des bonnes gens de Flandre et de l'emperreur : en ce moment il lui arrivait un très-brave et très-loyal chevalier
nommé Léon de Crainheim, lequel venait de la part du
duc de Brabant. Celui-ci, fidèle à son caractère double et cauteleux, n'avait pas plus tôt eu donné sa parole au roi Edouard, entraîné qu'il avait été par l'offre
magnifique de soixante-dix mille livres sterling, qu'il
avait réfléchi que, s'il échouait dans son entreprise, il
restait exposé à la colère du roi de France. Il avait donc
à l'instant choisi celui de ses chevaliers dont la répu-
tation de courage et de loyauté était la mieux établie,
le chargeant d'aller trouver Philippe de France et de
lui dire, sur sa parole, qu'il eût à ne croire aucun mauvais rapport contre lui; que son intention était de ne
faire aucune alliance ni aucun traité avec le roi d'Angleterre; mais que, celui-ci étant son cousin germain, il
n'avait pu empêcher qu'il ne vînt faire une visite dans
le pays, et une fois venu il était tout simple qu'il lui
offrît son château de Louvain, comme n'eût pu manquer de le faire à son égard son cousin germain Edouard
si lui, duc de Brabant, eût été lui faire une visite en
Angleterre. Philippe de Valois, que connaissait par
expérience l'homme auquel il avait affaire, conserva
quelques doutes malgré ces protestations; mais
le chevalier Léon de Crainhein, dont on connaissait
l'honneur et la rigidité, demanda au roi de rester

comme otage, répondant du duc de Brabant corps pour
corps, et jura sur sa vie qu'il avait dit la vérité : en
conséquence, Philippe s'apaisa, et le vieux chevalier,
à compter de ce jour, fut traité à la cour de France
non pas en otage, mais en hôte. Néanmoins et malgré
cette promesse, Philippe, voyant que, s'il allait en
voyage d'outre-mer, il mettrait son royaume en grande
aventure, se refroidit aussitôt pour cette croisade, et
contremanda tous les ordres donnés jusqu'à ce qu'il
eût reçu des nouvelles plus positives sur les projets
d'Edouard III. En attendant, comme les chevaliers et
hommes liges étaient armés, il leur ordonna de rester
sur le pied de guerre, de se préparer à tirer contre les
chrétiens l'épée qu'ils avaient ceinte pour faire la guerre
aux infidèles : en même temps il résolut de tirer parti
d'une circonstance d'autant plus favorable à sa cause
qu'elle pouvait susciter en Angleterre assez d'embarras pour ôter, du moins momentanément, à Edouard
le désir de conquérir le royaume d'autrui, assez préoccupé qu'il serait, le cas échéant, de défendre le sien :
nous voulons parler de l'arrivée à Paris du roi d'Ecosse
et de la reine sa femme, chassés, comme nous l'avons
dit, de leur royaume, où il ne leur restait plus que quatre forteresses et une tour.

Comme notre longue et fidèle alliance avec l'Ecosse
tient une grande et importante place dans l'histoire du
moyen âge, il faut que nos lecteurs nous permettent de
faire passer devant eux les différents événements qui
l'amenèrent, afin qu'aucun point du grand tableau que
nous avons commencé de dérouler à leurs regards ne
reste obscur et incompris. D'ailleurs la France, à cette
époque, était déjà une si puissante machine, qu'il faut
bien, si l'on veut en comprendre toute la force, jeter
de temps en temps un regard sur les rouages étran-
gers que son mouvement engrenait avec elle.

Grâce à l'admirable ouvrage d'Augustin Thierry sur
la conquête des Normands, les moindres détails de

l'expédition du vainqueur d'Hastings sont populaires en France : ce sera donc à partir de cette époque seulement que nous jetterons un coup d'œil rapide sur cette poétique terre d'Ecosse, qui a fourni à Walter Scott le sujet de l'histoire la plus romanesque et des romans les plus historiques qui existent à cette heure par tout le monde littéraire.

Les rois d'Ecosse, qui avaient jusque-là toujours été libres et indépendants, quoique toujours en guerre avec les rois d'Angleterre, profitant de cet événement et de la longue lutte intérieure qui le suivit, avaient agrandi leur territoire aux dépens de leurs ennemis, et avaient conquis sur eux sinon trois, provinces tout entières, du moins la majeure partie de ces provinces, c'est-à-dire le Northumberland, le Cumberland et le Westmoreland; mais, comme les Normands avaient pour le moment assez affaire de détruire les Saxons, ils se montrèrent faciles à l'égard des Ecossais, et consentirent à la cession définitive de ces provinces, à la condition que le roi d'Ecosse rendrait hommage pour elles au roi d'Angleterre, quoiqu'il demeurât pour le reste souverain libre et indépendant. C'était, au reste, la situation de Guillaume lui-même. Maître indépendant de sa conquête d'outre-mer, il tenait son grand duché de Normandie et ses autres possessions du continent à titre de vassal du roi de France, et de cette époque avait daté la cérémonie de prestation d'hommage. Or c'est aux conditions de cet hommage qu'Edouard III croyait avoir échappé en ne mettant pas ses mains entre les mains de Philippe de Valois. Cependant il était difficile que les choses restassent en cet état. A mesure que la tranquillité s'établit en Angleterre, Guillaume et ses successeurs tournèrent plus avidement leurs yeux vers l'Ecosse, quoiqu'ils n'osassent point encore reprendre ce qu'ils avaient concédé; mais, en échange, ils insinuèrent peu à peu que leurs voisins leur devaient hommage, non-seulement pour les trois provinces conquises, mais encore pour le reste du royaume. De là cette première période de combats qui se termina par la bataille de Newcastle, où Guillaume d'Ecosse, surnommé le Lion, parce qu'il portait l'image de cet animal sur son bouclier, fut fait prisonnier et obligé, pour racheter sa liberté, de se reconnaître, non-seulement pour le Cumberland, le Westmoreland et le Northumberland, mais encore pour toute l'Ecosse, vassal du roi d'Angleterre. Quinze ans après, Richard 1er, regardant cette condition comme injuste et arrachée par la force, y renonça de son plein gré, et les rois d'Ecosse, se retrouvant dans leur position de souverains indépendants, ne prêtèrent plus hommage que pour les provinces conquises.

Cent quatre-vingts ans s'étaient écoulés, six rois avaient régné sur l'Écosse depuis la remise de ce droit, et comme les Anglais semblaient avoir renoncé à leur ancienne prétention de suzeraineté, aucune guerre ne s'était élevée entre les deux peuples, lorsqu'une prédiction se répandit parmi les Écossais, venant d'un sage très-vénéré, ayant nom Thomas le Rimeur, que le 22 mars serait le jour le plus orageux que l'on eût jamais vu en Ecosse. Ce jour arriva et s'écoula, au milieu de la terreur générale, dans une sérénité remarquable; on commençait donc à rire de la prédiction fatale de l'astrologue, lorsque le bruit se répandit qu'Alexandre III, le dernier de ces six rois dont le règne avait été l'âge d'or pour l'Ecosse, passant à cheval sur la côte de la mer dans le comté de Fife, entre Burnstisland et Rynihorn, s'était approché trop près d'un précipice, et, précipité du haut d'un rocher par un écart de son cheval, s'était tué sur le coup. Alors chacun comprit que c'était là l'orage prédit, et attendit la foudre qui le devait suivre. Le coup cependant ne fut pas aussi rapide qu'on s'y attendait : Alexandre était mort sans successeur mâle; mais une de ses filles qui avait épousé Eric, roi de Norwége, avait eu elle-même un enfant que les historiens du temps nomment Marguerite, et les poëtes la Vierge de Norwége. En sa qualité de petite-fille d'Alexandre la couronne d'Ecosse lui appartenait et lui fut effectivement dévolue.

Le roi qui régnait alors en Angleterre était Edouard Ier, grand-père de celui que nous voyons figurer dans cette chronique. C'était un prince brave et conquérant, fort désireux d'augmenter sa puissance, soit par les armes, soit par la politique, soit, lorsque ces deux moyens lui manquaient, par la ruse. Cette fois, la Providence semblait avoir ménagé elle-même les voies de son ambition. Edouard Ier avait un fils du même nom que lui, qui devait régner sous le nom d'Edouard II. C'est celui dont nous avons entendu raconter la mort tragique par son assassin Mautravers, devenu depuis, comme notre lecteur doit s'en souvenir, le châtelain ou plutôt le geôlier de la reine douairière Isabelle. Edouard Ier demanda la main de la vierge de Norwége pour ce fils; elle lui fut accordée; mais au moment même où les deux cours s'occupaient des préparatifs du mariage, la jeune Marguerite mourut, et comme il ne restait pas un seul descendant direct d'Alexandre III, le trône d'Ecosse se trouva sans héritier.

Dix grands seigneurs, qui, par une parenté plus ou moins éloignée avec le roi mort, prétendaient à la succession vacante, rassemblèrent alors leurs vassaux, et s'apprêtèrent à soutenir leur droit par les armes. Comme on le voit, la tempête de Thomas le Rimeur grossissait à vue d'œil, et promettait pour longtemps un ciel sombre et orageux. La noblesse écossaise, afin de prévenir les malheurs qui devaient résulter de ces guerres civiles, résolut de choisir pour arbitre Edouard Ier, et d'accepter pour roi celui des dix prétendants qu'il désignerait lui-même. Des ambassadeurs portèrent cette décision au roi d'Angleterre, qui, voyant le parti qu'il en pouvait tirer, accepta sur-le-champ, et, par les mêmes messagers, convoqua le clergé et la

noblesse écossaise pour le 9 juin 1291, dans le château
de Norham, situé sur la rive méridionale de la Tweed,
à l'endroit même où cette rivière sépare l'Angleterre
de l'Ecosse. Au jour dit, les prétendants se trouvèrent
au rendez-vous; de son côté, le roi Edouard ne fit pas
défaut. Il traversa toute cette assemblée, qu'il dominait de la tête, car il était si grand que les Anglais ne
l'appelaient que le roi aux longues jambes, s'assit sur
son trône, et fit signe au grand justicier de parler.
Alors celui-ci se leva et annonça à la noblesse écossaise qu'avant que le roi Edouard prononçât son jugement, il fallait qu'elle eût à reconnaître ses droits,
non-seulement comme seigneur suzerain de Northumberland, du Cumberland et du Westmoreland, ce qui
n'avait jamais été contesté, mais du reste du royaume,
ce qui, depuis la renonciation de Richard, avait cessé
d'être un objet de contestation. Cette déclaration inat-
tendue produisit un grand tumulte : les nobles écossais refusèrent d'y répondre avant de s'être concertés.
Alors Edouard congédia l'assemblée, ne laissant aux
prétendants que trois semaines pour faire leurs ré-
flexions. Au jour dit, l'assemblée se trouva réunie de
nouveau; mais cette fois c'était de l'autre côté de la
Tweed, sur le territoire écossais, dans une plaine dé-
couverte, nommée Upsettlington, que sans doute
Edouard avait choisie ainsi, pour que les prétendants
ne pussent arguer de contrainte. Au reste, toutes précautions avaient été prises sans doute d'avance, car
cette fois, à la preposition renouvelée de reconnaître
Edouard Ier comme son suzerain, nul ne fit résistance,
et tous répondirent au contraire qu'ils se soumettaient
librement et volontairement à cette condition.

On commença alors d'examiner les titres des can-
didats à la couronne. Robert Bruce, seigneur d'Aan-
nandale, et John Balliol, lord de Gallovay, Normands
d'origine tons deux, tous deux descendants également
de la famille royale d'Ecosse par une fille de David,

comte de Huntington, furent reconnus comme ayant les droits les mieux fondés à la couronne. Edouard fut donc prié de décider la question entre eux. Il nomma John Balliol. Aussitôt celui-ci s'agenouilla, *mit ses mains entre celles du roi d'Angleterre, le baisa en la bouche,* et se reconnut pour son vassal et homme lige, non-seulement pour les trois provinces conquises, mais encore pour tout le royaume d'Ecosse.

Sans que l'orage de Thomas le Rimeur fût dissipé, la foudre était tombée et avait tué la nationalité écossaise.

Balliol commença de régner; bientôt ses actes et ses jugements portèrent l'empreinte de son caractère partial et irrésolu. Les mécontents se plaignirent, Edouard les encouragea à en appeler à lui des décisions de leur roi; ils ne s'en firent pas faute. Edouard rassembla une masse de griefs, vrais ou faux, et somma Balliol de comparaître devant les cours d'Angleterre. A cette sommation, Balliol se sentit la velléité de redevenir homme et roi; il refusa positivement. Edouard réclama alors, comme garantie de suzeraineté, la remise aux mains de l'Angleterre des forteresses de Berwick, de Roxburgh et de Jedburgh; Balliol répondit en levant une nombreuse armée; et, faisant dire à Edouard qu'il cessait de le reconnaître comme son seigneur suzerain, il franchit les limites des deux royaumes et entra en Angleterre. C'est tout ce que désirait Edouard; sa conduite depuis le jugement rendu avait visiblement tendu là; ce n'était pas assez pour lui que l'Ecosse fût vassale, il la voulait esclave. Il assembla donc une armée et s'avança contre Balliol; à la première journée de marche, un cavalier suivi d'une troupe nombreuse se présenta à Edouard et demanda à prendre part à la campagne en combattant avec les Anglais. Ce cavalier était Robert Bruce, le compétiteur de Balliol. Les deux armées se rencontrèrent près de Dumbar; les Ecossais, abandonnés dès le commencement du

combat par leur roi, furent vaincus. Balliol craignant
d'être fait prisonnier, et traité avec la rigueur des
lois de la guerre en usage à cette époque, répondit
qu'il était prêt à se livrer lui-même si Edouard lui as-
surait la vie sauve. Cette promesse faite, il vint trouver Edouard dans le château de Roxburgh, sans man-
teau royal, sans armes défensives ni offensives, tenant
à la main une baguette blanche pour tout sceptre, et
déclara que, poussé par les mauvais conseils de la noblesse, il s'était révolté traîtreusement contre son seigneur et maître, et qu'en expiation de cette faute il lui
cédait tous ses droits royaux sur la terre d'Ecosse et
ses habitants. A ces conditions le roi d'Angleterre lui
pardonna.

C'était là ce qu'avait espéré Bruce en se joignant à
Edouard. Aussi, à peine Balliol fut-il dépossédé, que
son ancien concurrent, qui avait pris une part active
à la victoire, se présenta devant Edouard, réclamant
à son tour le trône aux mêmes conditions qu'il avait
été concédé à Balliol; mais Edouard lui répondit dans
son dialecte français-normand : Croyez-vous que nous
n'ayons pas autre chose à faire qu'à vous conquérir
des royaumes?

Bientôt cette réponse brilla de toute la clarté qu'E-
douard n'avait pas cru devoir lui donner d'abord : il
traversa en vainqueur l'Ecosse, de la Tweed à Edimbourg, transféra les archives à Londres, fit enlever et
transporter dans l'Eglise de Westminster la grande
pierre sur laquelle une ancienne coutume nationale
voulait qu'on plaçât les rois d'Ecosse le jour de leur
couronnement; enfin il confia le gouvernement de
l'Ecosse au comte de Surrey, nomma Hughes Cressingham grand trésorier, et William Ormesby grand
juge. Puis, ayant mis des commandants anglais dans
toutes les provinces et des garnisons anglaises dans
tous les châteaux, il s'en retourna à Londres pour
veiller à la tranquillité du pays de Galles, qu'il venait

de soumettre comme il avait soumis l'Ecosse, et dont il avait fait pendre le dernier prince, qui n'avait cependant commis d'autre crime que d'avoir défendu son indépendance. C'est depuis cette époque que les fils aînés des rois d'Angleterre prennent invariablement le titre de prince de Galles.

Il arriva pour l'Ecosse ce qui arrive pour tout pays conquis : le grand juge, partial en faveur des Anglais, rendit des jugements iniques; le grand trésorier traitant les Ecossais non pas en sujets, mais en tributaires, extorqua en cinq ans plus d'argent que ne leur en avaient en un siècle demandé leurs quatre derniers rois; les plaintes portées au gouverneur restèrent sans réponse, ou n'obtinrent que des réponses illusoires ou outrageantes; enfin les soldats mis en garnison, traitant en tout lieu et en toute circonstance les Ecossais comme des vaincus, s'emparaient de vive force de tout ce qui leur convenait, maltraitant, blessant et tuant ceux qui voulaient s'opposer à leurs capricieuses déprédations; de sorte que l'Ecosse se trouva bientôt dans cette situation fiévreuse d'un pays qui semble sommeiller dans son esclavage, mais qui n'attend qu'une circonstance pour se réveiller et un homme pour se faire libre. Or, quand un pays en est arrivé là, l'événement arrive toujours, et l'homme ne manque jamais. L'événement fut celui *des Granges d'Ayr*, l'homme fut Wallace.

Un enfant qui revenait un jour de la pêche dans la rivière d'Irrine, et qui avait pris une grande quantité de truites qu'il rapportait dans un panier, rencontra aux portes de la ville d'Ayr, trois soldats anglais qui s'approchèrent de lui et voulurent lui prendre son poisson; l'enfant dit alors que si les soldats avaient faim, il partagerait avec eux bien volontiers, mais qu'il ne leur donnerait pas tout. Pour unique réponse, un des Anglais porta la main sur le panier; au même instant l'enfant lui porta à la tête un si rude coup de manche de sa ligne, qu'il tomba mort; puis aussitôt s'emparant de son épée, il s'en escrima si bien vis-à-vis des deux autres, qu'il les mit en fuite, et qu'il rapporta à la maison le produit tout entier de sa pêche, dont il avait offert la moitié. Cet enfant, c'était Williams Wallace.

Six ans après cette aventure, un jeune homme traversait le marché de Lanark, donnant le bras à sa femme ; il était vêtu d'un habit de drap vert d'une grande finesse et portait à la ceinture un riche poignard : au détour d'une rue un Anglais se trouva devant lui et barra le passage en disant qu'il était bien étonnant qu'un esclave écossais se permît de porter de si nobles habits et de si belles armes. Comme le jeune homme était, ainsi que nous l'avons dit, avec sa femme, il se contenta de repousser l'Anglais avec le bras de manière à ce que celui-ci ouvrît le passage. L'Anglais, regardant ce geste comme une insulte, porta la main à son épée; mais avant qu'il ne l'eût tirée de fourreau, il était tombé mort d'un coup de poignard dans ia poitrine. Tout ce qu'il y avait alors d'Anglais sur la place s'élança vers le lieu où venait de se passer cette scène rapide comme un éclair; mais la maison qui se trouvait le plus proche du jeune homme était celle d'un noble écossais; il ouvrit sa porte au meurtrier et la referma derrière lui; et tandis que les soldats anglais la mettaient en pièces, il conduisit le jeune homme à son jardin, d'où il gagna une vallée sauvage et pleine de rochers, nommée Cartland - Craigs, où ses ennemis n'essayèrent pas même de le poursuivre. Mais, faisant retomber sur des innocents la peine qui ne pouvait atteindre le coupable, le gouverneur de Lanark, qui se nommait Hazelrigg, déclara le jeune homme outlow ou proscrit, mit le feu à sa maison et fit égorger sa femme et ses domestiques. Le proscrit, du haut d'un rocher, vit la flamme et entendit les cris, et, à la lueur de l'incendie et au bruit des gémissements, jura une haine éternelle à l'Angleterre. Ce jeune homme, c'était Williams Wallace.

Bientôt on entendit parler dans les environs d'entreprises hardies tentées par un chef de proscrits, qui, ayant rassemblé une troupe considérable d'hommes mis comme lui hors la loi, ne faisait aucun quartier aux Anglais qu'il rencontrait. Un matin on apprit qu'Hazelrigg lui-même avait été surpris dans sa maison, et qu'on lui avait laissé dans la poitrine un poignard qui portait cette inscription : *A l'incendaire et au meurtrier.* Il n'y eut plus alors aucun doute que cette hardie entreprise ne vînt encore de ce même chef. On envoya contre lui des détachements entiers, qui furent battus; et chaque fois qu'on apprenait la défaite de quelque nouveau corps d'Anglais, la noblesse écossaise s'en réjouissait tout haut, car la haine qu'on leur portait avait depuis longtemps cessé d'être un secret pour les vainqueurs. Ils prirent donc une résolution extrême. Sous prétexte de se concerter avec elle sur les affaires de la nation, le gouverneur de la province invita toute la noblesse de l'ouest à se rendre dans les *granges d'Ayr,* longue suite de vastes bâtimens où, pendant l'hiver, les moines de l'abbaye attenante rentraient leurs grains, mais qui, l'été venu, se trouvaient à peu près vides. Les nobles, sans défiance, se rendirent à cette conférence : on les invita à entrer deux à deux pour éviter la confusion Cette mesure leur parut si naturelle qu'ils y obtempérèrent; mais à toutes les solives un rang de cordes avait été préparé; des soldats tenaient à la main un bout de ces cordes auquel avait été fait un nœud coulant, et à mesure que les députés entraient on leur jetait ce nœud au cou et ils étaient immédiatement pendus. L'opération se fit si habilement, que pas un cri ne prévint ceux du dehors du sort de ceux qui étaient dedans. Ils entrèrent tous et tous furent étranglés. Un mois après cet événement, et comme la garnison anglaise, après avoir fait ce

jour-là grande chère, s'était retirée pour dormir
dans ces mêmes granges où avaient ignominieusement
et traîtreusement péri tant de nobles écossais, une
vieille femme sortit d'une des plus pauvres maisons
de la viille, monta aux granges, marqua avec un mor-
cean de craie toutes les portes des bâtiments où se
trouvaient les Anglais, et se retira sans avoir été dé-
rangée dans cette occupation. Derrière elle descendit
de la montagne une troupe d'hommes armés dont chacun portait un paquet de cordes : ces hommes exami-
nèrent les portes avec un grand soin, et attachèrent
en dehors toutes celles qui étaient marquées d'une
croix; puis, cette besogne-terminée, un homme, qui
paraissait le chef, alla de maison en maison pour voir
si les nœuds étaient solidement faits, tandis que derrière lui un second détachement, chargé de gerbes,
amoncelait la paille devant les portes et devant les
fenêtres. La tournée finie, et tous les bâtiments en-
tourés de matières combustibles, le chef y mit le feu.
Alors les Anglais s'éveillèrent en sursaut, et, les
granges étant de bois, ils se trouvèrent au milieu des
flammes. Leur premier mouvement fut de courir aux
portes; elles étaient toutes fermées. Alors à coups de
hache et d'épée, ils les brisèrent; mais les Ecossais
étaient là en dehors, muraille de fer derrière la muraille de flammes, les repoussant dans le feu ou les égor-
geant. Quelques-uns se souvinrent alors d'une porte
dérobée qui conduisait dans le cloître, et se précipitèrent vers le couvent; mais, soit qu'ils eussent été pré-
venus d'avance, soit que, réveillés par le bruit, ils eussent deviné ce qui se passait, le prieur d'Ayr et ses
moines attendaient les fugitifs dans le cloître, tombè-
rent sur eux l'épée à la main, et les repoussèrent dans
les granges. Au même instant, les toits s'abîmèrent,
et tout ce qui restait encore dans les bâtiments fut écrasé
sous les mêmes solives où avaient été pendus ceux de la
mort desquels ce chef de proscrits tirait à cette heure

une si terrible vengeance. Ce chef, c'était encore Williams Wallace.

Cette action fut le signal d'une insurrection générale : les Ecossais mirent à leur tête celui qui seul n'avait pas désespéré du salut de la patrie; car si ce n'était pas le plus noble de leurs seigneurs, c'était incontestablement le plus brave. Mais à peine avait-il rassemblé trois ou quatre mille hommes, qu'il lui fallut combattre. Le comte de Surrey s'avançait avec le grand trésorier Cressingham à la tête d'une nombreuse armée. Wallace établit son camp sur la rive septentrionale du Forth, près de la ville de Stirling, à l'endroit même où le fleuve, déjà très-large en cet endroit, puisque ce n'est que quatre au cinq lieues plus loin qu'il se jette dans le golfe d'Edimbourg, était traversé par un étroit et long pont de bois : ce fut dans cette position qu'il attendit les Anglais. Ceux-ci ne se firent pas attendre : dès le même jour, Wallace les vit s'avancer de l'autre côté du Forth. Surrey, en habile capitaine, comprit aussitôt la supériorité de la position de Wallace, et donna ordre de faire halte, afin de différer la bataille; mais Cressingham, qui, en sa double qualité d'ecclésiastique et de trésorier, aurait dû laisser le régent, connu pour un habile homme de guerre, prendre toutes les mesures qu'il jugerait convenables, s'avança à cheval au milieu des soldats, disant que le devoir d'un général était de combattre partout où il rencontrait l'ennemi : l'armée anglaise, pleine d'enthousiasme, demanda alors à grands cris la bataille. Surrey fut forcé de donner le signal, et l'avant-garde, commandée par Cressingham, qui pareil aux ecclésiastiques de ce temps, n'hésitait pas, dans l'occasion, à se servir de l'épée et de la lance, commença de traverser le pont et de se déployer sur la rive opposée. C'était ce qu'attendait Wallace, dès qu'il vit la moitié de l'armée anglaise passée de son côté, et le pont encombré derrière elle, il donna le signal de l'attaque, chargeant lui-même à la tête de ses troupes : tout ce qui était passé fut tué ou pris; tout ce qui passait fut culbuté, renversé du pont dans la rivière et noyé. Surrey vit que le reste de l'armée était perdu s'il ne prenait pas une grande décision; il fit mettre le feu au pont, sacrifiant une partie de ses hommes pour sauver l'autre; car, si les Ecossais avaient passé la rivière, ils eussent trouvé leurs ennemis dans un tel désordre, qu'ils en eussent fini probablement en un seul jour avec toute l'armée. Cressingham fut retrouvé parmi les morts, et la haine qu'il inspirait fut si grande, que ceux qui le découvrirent enlevèrent la peau de son corps par lanières, et en firent des brides et des sangles pour leurs chevaux. Quant à Surrey, comme il disposait encore de forces respectables, il fit retraite vers l'Angleterre, et cela assez rapidement pour que la nouvelle de sa défaite ne le précédât point. Il en résulte qu'il traversa la Tweed, ramenant sains et saufs les débris de son armée. Derrière lui la population se souleva en masses, et, en moins de deux mois, tous les châteaux et forteresses étaient retombés au pouvoir des Ecossais.

Edouard Ier apprit ces événements en Flandre, et repassa aussitôt en Angleterre : l'œuvre de son ambition venait d'être renversée d'un coup; il lui avait fallu des années de ruse et de négociations pour soumettre l'Ecosse, et elle venait de lui être enlevée en une seule bataille. Aussi, à peine arrivé à Londres, il reprit des mains de Surrey les débris de ses troupes, en forma le noyau d'une armée considérable, et s'avança à son tour et en personne contre les rebelles. Pendant ce temps, Wallace avait été nommé protecteur; mais les nobles, qui l'avaient trouvé bon pour délivrer l'Ecosse avec son épée, tandis qu'eux osaient à peine la défendre avec la parole, le trouvèrent de trop basse naissance pour la gouverner, et refusèrent de le suivre. Wallace fit alors un appel au peuple, et nombre de montagnards le joignirent : quelque inférieure que fût

cette armée à celle d'Edouard en hommes, en armes
et en tactique militaire, Wallace, convaincu que le pis
en pareille circonstance était de reculer, n'en marcha
pas moins directement à lui, et le rencontra près de
Falkirk le 22 juillet 1298.

Les deux armées présentaient un aspect bien diffé-
rent : celle d'Edouard, composée de toute la noblesse
et la chevalerie du royaume, s'avançait, montée sur
les magnifiques chevaux que ses hommes d'armes ti-
raient de son grand duché de Normandie, et escortée
sur ses flancs de ces terribles archers qui, portant
douze flèches dans leurs trousses, prétendaient avoir
la vie de douze Ecossais à leur ceinture. L'armée de
Wallace, au contraire, avait à peine cinq cents hommes de cavalerie et quelques archers de la forêt d'Et-
trick, placés sous les ordres de sir John Stewart de
Bonkil; tout le reste se composait de montagnards
mal défendus par des armures de cuir, marchant ser-
rés et portant leurs longues piques si rapprochées les
unes des autres, qu'elles semblaient une forêt mou-
vante. Parvenu au point où il avait résolu de livrer la
bataille, Wallace fit faire halte, et s'adressant à ses
hommes : Nous voilà arrivés au bal, leur dit-il; maintenant montrez-moi comment vous dansez.

De son côté, Edouard s'était arrêté, et comme les
avantages du terrain étaient compensés de manière à
ce que ni l'un ni l'autre des deux chefs ne se livraient en
attaquant, le roi anglais crut qu'il serait honteux à lui
d'attendre les rebelles, et donna le signal de la bataille.
A l'instant même toute cette lourde cavalerie s'ébranla,
pareille à un rocher qui roule dans un lac, et vint s'arrêter sur les longues lances des Ecossais. A ce premier
choc on vit tomber presque entiers le premier et le second rang des Anglais; car les chevaux blessés désar-
çonnèrent leurs cavaliers, qui, embarrassés du poids
de leurs armures, furent presque tous massacrés avant
de pouvoir se relever; mais alors la cavalerie écos-

saise, au lieu de soutenir les hommes de pied qui faisaient si bravement leur devoir, s'enfuit, découvrant
une des ailes de Wallace. A l'instant même Edouard
fit avancer ses archers, qui, n'ayant plus à craindre
d'être chargés par les cavaliers, purent s'approcher à
une demi-portée de flèche et choisir sûrement ceux
qu'il leur convenait de tuer; Wallace appela aussitôt
les siens; mais le cheval de sir John Stewart, qui les
conduisait à la bataille, butta contre une racine, et jeta
par-dessus sa tête son cavalier, qui se tua. Les archers
n'en avancèrent pas moins. Cependant, n'ayant plus
leur chef pour les diriger, ils s'exposèrent imprudem-
ment et se firent tous tuer. En ce moment Edouard
aperçut dans l'armée écossaise quelque désordre causé
par la pluie de flèches dont l'accablaient ses hommes
de trait; il se mit à la tête d'une troupe choisie parmi
les plus braves, chargea dans l'ouverture pratiquée
par les archers, et, agrandissant de la largeur de tout
son bataillon la blessure déjà faite, il pénétra jusqu'au cœur de l'armée écossaise, qui, entamée ainsi,
ne put résister, et fut contrainte de prendre la fuite,
laissant sur le champ de bataille sir John Graham,
l'ami et le compagnon de Wallace, qui, indigné de la
conduite de la noblesse, n'avait pas reculé d'un pas,
et s'était fait tuer à la tête de son corps. Quant à
Wallace, il resta le dernier sur le champ de bataille, et, comme la nuit vint avant qu'on eût pu lui
faire lâcher pied, non plus qu'à quelques centaines
d'hommes qui l'entouraient, il disparut à la faveur de
l'obscurité dans une forêt voisine, où il passa la nuit
caché dans les branches d'un chêne. Wallace, abandonné par la noblesse, l'abandonna à son tour, ne son-
gea plus qu'à rester fidèle au pays, et se démit de son
titre de protecteur; et tandis que les lords et seigneurs
continuaient de combattre pour leur propre compte,
ou se soumettaient sauvant leurs intérêts particuliers
aux dépens de ceux de leur pays, Wallace, traqué

de montagne en montagne, chassé de forêt en forêt,
transportant avec lui la liberté de l'Ecosse comme Euée
les dieux de Troie, faisant battre, partout où il était,
le cœur de la patrie, que partout ailleurs on eût pu
croire morte, demeura sept ans, tout proscrit qu'il
était, le rêve incéssant et terrible des nuits d'Edouard,
qui ne croyait pas que l'Ecosse fût à lui tant que Wallace serait à l'Ecosse. Enfin on promit récompenses
sur récompenses à qui le livrerait mort ou vivant, et
un nouveau traître se trouva parmi toute cette noblesse qui l'avait déjà trahi. Un jour, qu'il dînait à
Robroyston, dans un château où il croyait n'avoir
que des amis, sir John Menteth, qui venait de lui offrir du pain, reposa le pain sur la table de manière à
ce que le côté plat se trouvât par dessus; c'était le
signal convenu : les deux convives qui se trouvaient à
la droite et à la gauche de Wallace le saisirent chacun
par un bras, tandis que deux domestiques, debout
par derrière; lui roulaient une corde autour du corps,
toute résistance était impossible. Le champion de l'E-
cosse, garrotté comme un lion pris au piège, fut livré
à Edouard, qui, par dérision, le fit comparaître devant
ses juges couronné d'une guirlande verte. L'issue du
procès ne fut pas douteuse : Wallace, condamné à
mort, traîné sur une claie jusqu'au lieu de l'exécution,
eut la tête tranchée; puis son corps fut taillé en quatre
morceaux, et chaque partie exposée au bout d'une
lance sur le pont de Londres.

Ainsi mourut le Christ de l'Ecosse, couronné comme
Jésus par ses propres bourreaux.

IX

Deux ou trois ans après la mort de Wallace, et le soir

d'une de ces escarmouches journalières que les vaincus et les vainqueurs continuaient d'avoir ensemble,
quelques soldats anglais soupaient autour de la grande
table d'une auberge, lorsqu'un noble écossais qui servait dans l'armée d'Edouard, et qui s'était battu pour
lui contre les révoltés, entra dans la salle tellement
affamé, que, s'étant assis à une table particulière, et
s'étant fait servir, il commença de souper sans se
laver les mains toutes rouges encore du massacre de la
journée. Les seigneurs anglais qui avaient fini leur repas
le regardaient avec cette haine qui, quoiqu'ils servissent
sous les mêmes drapeaux, séparait toujours les
hommes des deux nations; mais l'étranger, occupé
de se rassasier, ne tenait nul compte de leur attention, lorsque l'un d'eux dit tout haut : Regardez donc
cet Ecossais qui mange son propre sang!... Celui contre qui ces paroles étaient dites les entendit, regarda
ses mains, et, voyant qu'effectivement elles étaient
tout ensanglantées, il laissa tomber le morceau de
pain qu'il tenait, resta un instant pensif; puis, sortant de l'auberge sans dire une seule parole, entra
dans la première église qu'il trouva ouverte, s'agenouilla devant l'autel, et, ayant lavé ses mains avec
ses larmes, demanda pardon à Dieu, et jura de ne plus
vivre que pour venger Wallace et délivrer sa patrie.
Ce fils repentant, c'était Robert Bruce, descendant de
celui-là qui avait disputé la couronne d'Ecosse à Balliol, et qui était mort en léguant ses droits à ses héri-
tiers.

Robert Bruce avait un compétiteur au trône, qui,
comme lui, servait dans l'armée anglaise; c'était sir
John Comyn de Badenoch, que l'on appelait Comyn-
le-Roux, pour le distinguer de son frère, à qui son
teint basané avait fait donner le nom de Comyn-le-Noir.
Il était en ce moment à Dumfries, sur les frontières
d'Ecosse. Bruce vint l'y trouver, pour le décider à se
détacher de la cause anglaise et à se joindre à lui afin

de chasser l'étranger. Le lieu du rendez-vous où ils devaient conférer de cette importante affaire fut choisi d'un commun accord : c'était l'église des Minorites de Dumfries. Bruce était accompagné des Lindsay et de Kirkpatrick, ses deux meilleurs amis. Ils demeurèrent à la porte de l'église, et au moment où il la poussa pour entrer, ils virent par l'ouverture Comyn-le-Roux qui attendait Bruce devant le maître-autel. Une demi-heure se passa, pendant laquelle ils se tinrent discrètement debout sous le porche, sans jeter les yeux dans l'église. Au bout de ce temps, ils virent sortir Bruce pâle et défait. Il étendit aussitôt la main vers la bride de son cheval, et ils remarquèrent que sa main était toute sanglante.

— Qu'y a-t-il donc, et qu'est-il arrivé? demandèrent-ils tous deux. — Il y a, répondit Bruce, que nous ne sommes pas tombés d'accord avec Comyn-le-Roux, et que je crois que je l'ai tué. — Comment! tu ne fais que croire? dit Kirkpatrick; c'est une chose dont il faut être sûr, et je vais y voir.

A ces mots, les deux chevaliers entrèrent à leur tour dans l'église, et comme effectivement Comyn-le-Roux n'était pas mort, ils l'achevèrent.

— Tu avais raison, lui dirent-ils en sortant et en remontant à cheval; la besogne était en bon train, mais elle n'était pas achevée; maintenant dors tranquille.

Le conseil était plus facile à donner qu'à suivre. Bruce venait, par cette action, d'attirer sur lui trois vengeances ; celles des parents du mort, celle d'Edouard, celle de l'Eglise. Aussi, voyant qu'il n'y avait plus rien à ménager après un pareil coup, il marcha droit à l'abbaye de Scone, où l'on couronnait les souverains d'Ecosse, rassembla ses partisans, appela à lui tous ceux qui étaient disposés à combattre pour la liberté, et se fit proclamer roi le 29 mars 1206.

Le 18 mai suivant, Robert Bruce fut excommunié

par une bulle du pape, qui le privait de tous les sacre-
ments de l'Eglise, et donnait à chacun le droit de le
tuer comme un animal sauvage.

Le 20 juin de la même année, il fut complétement
battu près de Methwen, par le comte de Pembroke,
et, démonté de son cheval, qui venait d'être tué sous
lui, il fut fait prisonnier. Heureusement celui à qui il
avait rendu son épée était un Ecossais, qui, en passant
près d'une forêt, coupa lui-même les liens dont il était
attaché, et lui fit signe qu'il pouvait fuir. Robert ne se
le fit pas répéter; il se laissa glisser de son cheval et
s'enfonça dans le bois, où l'Ecossais, pour n'être pas
puni par Edouard, fit semblant de le poursuivre, mais
se garda de le joindre. Bien lui en prit : tous les autres captifs furent condamnés à mort et exécutés. Le
meurtre de Comyn-le-Roux portait ses fruits; le sang
payait le sang.

Ce fut à compter de cette heure que commença
cette vie aventureuse qui donne à l'histoire de cette
époque tout le pittoresque et tout l'intérêt du roman.
Chassé de montagne en montagne, accompagné de la
reine, proscrite comme lui, suivi de trois ou quatre
amis fidèles, parmi lesquels était le jeune lord Douglas,
appelé depuis le bon lord James; obligé de vivre de
pêche ou de la chasse de ce dernier, qui, le plus
adroit de tous à ces deux exercices, était chargé de la
nourriture de la troupe; marchant de dangers en
dangers, sortant d'un combat pour tomber dans une
embûche, se tirant de tous les périls par sa force, son
adresse ou sa présence d'esprit, soutenant seul le
courage de ses compagnons toujours conduits par l'illu-
mination du prédestiné; il passa ainsi les cinq mois
d'été et d'automne, dans des courses vagabondes et
nocturnes, auxquelles, au commencement de l'hiver,
la reine fut près de succomber : Bruce vit qu'il était
impossible qu'elle continuât de supporter des fati-
gues que le froid et la neige allaient rendre plus ter-

ribles encore : il n'avait plus qu'un seul château, celui
de Kildrunmer, près de la source du Don, dans le comté
d'Aberdeen; il l'y conduisit avec la comtesse de Ru-
cbau et deux autres dames de sa suite, chargea son
frère Nigel Bruce de le défendre jusqu'à la dernière
extrémité, et, suivi d'Edouard, son autre frère, tra-
versant toute l'Ecosse pour dérouter ses ennemis, il
se retira dans l'île de Rathlin, sur la côte d'Irlande.
Deux mois après, il apprit que le château de Kildrunmer avait été pris par les Anglais; que son frère Nigel
avait été mis à mort, et que sa femme était prisonnière.

Ces nouvelles lui arrivèrent dans une pauvre chau-
mière de l'île; elles le trouvèrent déjà accablé, et lui
ôtèrent ce qui lui restait de courage et de force. Etendu
sur son lit, où il s'était jeté tout désespéré et tout en
larmes, voyant que la main de Dieu avait toujours
pesé sur lui depuis le meurtre de Comyn-le-Roux, il
se demandait si la volonté du Seigneur, qui se mani-
festait par tant de revers, n'était pas qu'il abandonnât
cette entreprise. Et comme dans ce doute il tenait les
yeux levés au plafond avec cette fixité des grandes
douleurs, alors, et ainsi qu'il arrive parfois en pareille
circonstance, où machinalement, tandis que l'âme sai-
gne, le corps est occupé d'une chose futile, sa vue
s'arrêta sur une araignée qui, suspendue au bout d'un
fil, s'efforçait de s'élancer d'une poutre à l'autre sans
y pouvoir parvenir, et qui cependant, sans se lasser,
renouvelait cette tentative, de la réussite de laquelle
dépendait l'établissement de sa toile. Cette persistance
instinctive le frappa malgré lui, et, tout préoccupé
qu'il était de ses malheurs, il n'en suivit pas moins du
regard les efforts qu'elle faisait. Six fois elle essaya
d'atteindre le but désiré, et six fois elle échoua. Bruce
pensa alors que lui aussi avait fait, comme ce pauvre
animal, six tentatives pour conquérir son trône, et
que six fois il avait échoué. Cette singulière coïnci-

dence le frappa, et donna à l'instant même en lui uais-
sant à une idée aussi superstitieuse qu'étrange : il pensa
que ce n'était pas sans dessein que la Providence, dans
un pareil moment, lui envoyait cet exemple de patiente
persistance, et, regardant toujours l'araignée, il fit vœu
que, si elle réussissait dans la septième tentative qu'elle
préparait, il y verrait un encouragement du ciel et
continuerait son entreprise; mais que si, au contraire,
elle échouait, il regarderait toutes ses espérances
comme vaines et insensées, partirait pour la Palestine,
et consacrerait le reste de sa vie à combattre contre
les infidèles. Il venait mentalement d'achever ce vœu,
lorsque l'araignée, qui, tandis qu'il le formait, avait
fait toutes ses dispositions et pris toutes ses mesures,
essaya une septième tentative, atteignit la poutre et y
resta cramponnée.

— La volonté de Dieu soit faite, dit Robert Bruce :
et, s'élançant aussitôt de son lit, il prévint les soldats
qu'à partir du lendemain il se remettrait en campagne.

Cependant Douglas continuait sa guerre de partisan :
voyant l'hiver tirer à sa fin, il s'était remis à l'œuvre, et,
accompagné de trois cents soldats, avait débarqué dans
l'île d'Arran, située entre le détroit de Kilbranan et le
golfe de la Clyde, avait surpris le château de Bratwich,
et mis à mort le gouverneur et une partie de la garnison;
puis, usant aussitôt de son droit de conquête, il s'était
établi avec ses hommes dans la forteresse, et, fidèle à
son goût pour la chasse, passait ses journées dans la
magnifique forêt qui l'entourait. Un jour qu'il était occupé à poursuivre un daim, il entendit dans le bois
même où il chassait le bruit d'un cor; aussitôt il s'arrêta en disant : il n'y a que le cor du roi qui rende ce
son; il n'y a que le roi qui sonne ainsi. Puis, au bout
d'un instant, une nouvelle fanfare s'étant fait entendre, Douglas mit son cheval au galop dans la direction
du bruit, et après dix minutes de marche, il se
trouva face à face de Bruce, qui chassait de son côté.

Depuis trois jours ce dernier avait, poursuivant sa résolution, quitté l'île de Rathlin, et depuis deux heures
il avait abordé à celle d'Arran. Une vieille femme qui
ramassait des coquilles sur le rivage lui avait raconté
que la garnison anglaise avait été surprise par des étran-
gers qui chassaient à cette heure. Bruce, tenant pour
ami à lui ce qui était ennemi des Anglais, s'était aussitôt mis en chasse de son côté; Douglas avait reconnu
son cor, et les deux fidèles compagnons s'étaient re-
trouvés.

A partir de ce jour, la mauvaise fortune, lassée de
tant de courage, resta en arrière : sans doute la longue
et cruelle expiation imposée à Bruce pour le meurtre
de Comyn était accomplie, et le sang payé par le sang
cessait de demander vengeance. Cependant la lutte
fut longue : il lui fallut tour à tour vaincre la trahison
et la force, l'or et le fer, le poignard et l'épée. L'Ecosse
conserve dans ses traditions nationales une foule d'a-
ventures plus merveilleuses les unes que les autres,
dans lesquelles, appuyé sur son courage, mais gardé
par Dieu, il échappa miraculeusement aux dangers les
plus terribles, profitant de chaque succès pour donner
force à son parti, jusqu'à ce que, à la tête d'une armée de trente mille hommes, il attendît Edouard II
dans la plaine de Sterling : car, pendant cette lutte
acharnée, Edouard Ier était mort, léguant la guerre à
son fils, et ordonnant, afin que la tombe ne le séparât
point des batailles, que l'on fît bouillir son corps jusqu'à ce que les os se séparassent des chairs, que l'on
enveloppât ces os dans une peau de taureau, et qu'on
les portât à la tête de l'armée anglaise chaque fois
qu'elle marcherait contre les Ecossais. Soit confiance
en lui-même, soit que l'exécution de ce vœu bizarre
lui parût un sacrilége, Edouard II n'exécuta point la
recommandation paternelle; il fit déposer le corps du
feu roi dans l'abbaye de Westminster, où de nos jours
sa tombe porte encore cette inscription : *Ci-gît*

le marteau de la nation écossaise, et marcha contre les rebelles, qui, comme nous l'avons dit, l'attendirent à Sterling, appuyés à la rivière de Bannockburn, dont la bataille prit le nom.

Jamais victoire ne fut plus entière pour les Ecossais, et déroute plus complète pour leurs ennemis. Edouard II s'enfuit du champ de bataille à bride abattue, et, poursuivi par Douglas, il ne s'arrêta que derrière les portes de Dumbar. Là, le gouverneur de la ville lui procura un bateau, à l'aide duquel, longeant les côtes de Berwick, il vint débarquer dans le havre de Bamborough en Angleterre. Cette victoire assura sinon la tranquillité, du moins l'indépendance de l'Ecosse, jusqu'au moment où Robert Bruce, quoique jeune encore, fut atteint d'une maladie mortelle. Nous avons vu, au commencement de cette histoire, comment il fit venir près de lui Douglas, que les Ecossais appelaient le bon sire James, et les Anglais Douglas-le-Noir, et lui recommanda d'ouvrir sa poitrine, d'y prendre son cœur et de le porter en Palestine. Ce dernier désir ne fut pas plus heureux que celui d'Edouard Ier; mais cette fois au moins ce ne fut pas la faute de celui qui avait reçu le vœu si le vœu ne fut pas accompli.

Edouard II périt à son tour, assassiné à Berkley par Gurnay et Mautravers, sur l'ordre ambigu de la reine scellé par l'évêque d'Artfort; et son fils, Edouard III, lui succéda.

Nos lecteurs ont, par les chapitres précédents, pris, nous l'espérons, une idée assez juste du caractère de ce jeune prince pour penser qu'à peine sur le trône, ses yeux se tournèrent vers l'Ecosse, cette vieille ennemie que, depuis cinq générations, les rois d'Angleterre se léguaient de père en fils comme une hydre à exterminer. Le moment était d'autant meilleur pour recommencer la guerre, que la fleur de la noblesse écossaise avait suivi James Douglas dans son pèlerinage au Saint-Sépulcre, et que la couronne était passée de la tête puissante d'un vieux guerrier à celle d'un faible enfant de quatre ans. Comme après Douglas-le-Noir, le plus courageux et le plus populaire des compagnons de l'ancien roi était Randolphe, comte de Moray, il fut nommé régent du royaume, et gouverna l'Ecosse au nom de David II.

Cependant Edouard avait compris que toute la force des Écossais venait de la répugnance profonde que l'on éprouvait, de la Tweed au détroit de Pentland, pour la domination de l'Angleterre. Il résolut donc de ne s'avancer sur les terres ennemies que sous fausse bannière, et de prendre pour alliée la guerre civile : la fortune lui en avait gardé le moyen, il en profita avec son habileté coutumière.

John Balliol, qui avait d'abord été fait roi d'Ecosse, puis détrôné par Edouard Ier, était passé en France, et y était mort, laissant un fils nommé Edouard Balliol; le roi d'Angleterre jeta les yeux sur lui comme sur l'homme dont le nom était le plus apte à servir de drapeau, et le mit à la tête des *lords déshérités :* deux mots suffiront pour expliquer à nos lecteurs ce que l'on entendait alors par cette dénomination. Lorsque l'Ecosse fut affranchie de la domination de l'Angleterre, grâce au courage et à la persévérance de Robert Bruce, deux classes de propriétaires élevèrent des réclamations pour la perte de leurs biens territoriaux. Les uns étaient ceux qui, à la suite de la conquête, avaient reçu ces biens d'Edouard Ier et de ses successeurs à titre de don; ceux qui, s'étant alliés aux familles d'E-cosse, les possédaient comme héritages. Edouard mit Balliol à la tête de ce parti, et, tout en paraissant rester étranger à cette guerre éternelle, qui venait encore une fois frapper à la porte de l'Ecosse sous un autre nom et sous un nouvel aspect, il l'appuya de son argent et de ses troupes. Pour comble de malheur, et comme si Robert Bruce avait emporté avec lui la fortune heureuse du pays, au moment où Balliol et son

armée débarquaient dans le comté de Fife, le régent
Randolphe, atteint d'une maladie violente et inat-
tendue, mourait à Musselboug, et laissait le jeune roi
livré à la régence de Donald, comte de March, qui
était beaucoup au-dessous de son prédécesseur en ta-
lents militaires et politiques.

Le comte de March venait à peine de prendre le
commandement de l'armée, lorsque Edouard Balliol
débarqua en Ecosse, défit le comte de Fife, et, marchant plus vite que le bruit de sa victoire, arriva le
lendemain soir sur les bords de la Earn, de l'autre
côté de laquelle il aperçut, à la lueur des feux, le camp
du régent. Il fit faire halte à sa troupe, et, lorsque les
feux se furent successivement éteints, il passa la rivière, pénétra jusqu'au milieu des logis écossais, et là,
trouvant toute l'armée endormie et sans défense, il
commença non pas un combat, mais une boucherie
telle, qu'au lever du soleil il fut étonné lui-même que
ses soldats eussent eu le temps physique de tuer un
aussi grand nombre d'hommes avec une troupe qui s'é-
levait à peine au tiers de celle qu'ils avaient surprise.
Parmi les cadavres on retrouva le corps du régent et
ceux de vingt-cinq ou trente seigneurs appartenant à
la première noblesse d'Ecosse.

Alors commença pour l'Ecosse une ère de décadence
aussi rapide qu'avait été lente et laborieuse sa recon-
struction nationale aux mains de Robert Bruce. Sans
s'arrêter à assiéger et à prendre les forteresses, Edouard
Balliol marcha droit à Scone et se fit couronner; puis,
une fois roi, il rendit de nouveau hommage à Edouard
III comme à son seigneur et à son maître. Celui-ci,
dès lors, ne craignit plus de lui porter ostensiblement
secours, et, rassemblant une grande armée, il marcha
droit à la ville de Berwick, qu'il assiégea. De son côté,
Archibald Douglas, frère du bon lord James, marcha au secours de la garnison, et fit halte à deux milles de la forteresse, sur une éminence nommée Halidon

Hill, du haut de laquelle on dominait toute l'armée anglaise, qui se trouvait de cette façon, d'assiégeante
qu'elle était, assiégée elle-même entre la garnison de
Berwick et les nouveaux venus.

L'avantage de la position était tout entier aux Ecossais; mais leurs jours victorieux étaient passés : cette
fois encore, comme toujours, les archers anglais déci-
dèrent de la bataille : Edouard les avait placés dans un
marais où la cavalerie ne pouvait les atteindre, et tandis qu'ils criblaient de flèches les Ecossais placés sur
la montagne et déployés en amphithéâtre comme une
immense cible, Edouard chargeait les rebelles à la
tête de toute sa chevalerie, tuait Archibald Douglas,
couchait sa plus brave noblesse à ses côtés sur le champ
de bataille, et dispersait le reste de l'armée. Cette
journée, aussi fatale à l'Ecosse que celle de Bannockburn lui avait été favorable, enleva au jeune David tout
ce qui avait été reconquis par Robert. Bientôt l'enfant
proscrit se trouva dans la même situation dont un mi-
racle de courage et de persévérance avait tiré le père.
Mais cette fois les chances étaient bien changées : les
plus ardents patriotes, voyant un jeune homme sans
sans expérience là où il aurait fallu un guerrier
expérimenté, se crurent condamnés par cette volonté
souveraine qui élève et abaisse les empires. Cependant quelques hommes ne désespérèrent pas du salut
de la patrie, et continuèrent de veiller autour de la
nationalité écossaise, comme devant la lampe mourante
d'un tabernacle; et tandis que Balliol reprenait possession du royaume et en faisait hommage, comme
vassal, à son suzerain Edouard III, que David Bruce
et sa femme venaient demander, en proscrits, asile à
la cour de France, ces derniers soutiens de la vieille
monarchie restaient maîtres de quatre châteaux et d'une
tour. où continuaient de battre, comme dans un corps
paralysé, du reste, les dernières artères de la nationalité écossaise. Ces quatre hommes étaient le chevalier

de Liddesdale, le comte de March, sir Alexandre Ram-
say de Dalvoisy, et le nouveau régent sir André Mur-
ray de Bothwell.

Quant à Edouard, méprisant une aussi faible oppo-
sitiou, il dédaigna de poursuivre sa conquête jusqu'au
bout, laissa des garnisons dans tous les châteaux forts;
et maître de l'Angleterre et de l'Irlande, suzerain de
l'Ecosse, il revint à Londres, où nous l'avons trouvé,
en ouvrant cette chronique, au milieu des fêtes du retour et de l'enivrement de la victoire, préoccupé de
son amour naissant pour la belle Alix de Granfton,
auquel vint l'arracher ce projet de conquête de la France,
dont il poursuivait à cette heure l'exécution en Flandre,
et qui prenait, grâce à l'alliance faite avec d'Artevelle
et près de l'être avec les seigneurs de l'empire, un caractère des plus alarmants pour Philippe de Valois.

Ce fut alors que le roi de France jeta les yeux, comme
nous l'avons dit, sur David II et sa femme, qui étaient
venus chercher un refuge, dès l'année 1332, à sa cour.
Sans se déclarer encore positivement, il noua par leur
intermédiaire des relations avec leurs vaillants défeu-
scurs d'outre-mer, envoya au régent d'Ecosse de l'argent, dont il manquait entièrement, et tint prêt un
corps considérable de soldats, dont à l'occasion il
comptait former une garde au jeune roi, lorsqu'il jugerait à propos de le faire rentrer dans son royaume.
En outre, il donna ordre à Pierre Behuchet, l'un des
commissaires qui avaient été nommés par lui pour entendre les témoins dans le procès du comte Robert
d'Artois, dont l'exil donnait lieu aujourd'hui à toute
cette guerre, et qu'il avait fait depuis son conseiller et
trésorier, de se rendre sur la flotte combinée de Hugues
Quieret, amiral de France, et de Barbavaire, commandant les galères de Gênes, afin de garder les détroits
et passages qui conduisaient des côtes d'Angleterre
aux côtes de Flandre. Ces précautions prises, il attendit les événements.

Pendant ce temps une fête splendide se préparait
à Cologne : cette ville avait été choisie par Edouard III
et Louis de Bavière pour la prise de possession du vi-
cariat de l'empire par le roi d'Angleterre; en conséquence, tous les préparatifs avaient été faits pour cette
cérémonie. Deux trônes avaient été dressés sur la
grande place de la ville, et comme on n'avait pas eu
le temps de se procurer le bois nécessaire à cette con-
struction, on y avait employé deux étals de boucher,
dont on avait recouvert les maculatures sanglantes avec
de grandes pièces de velours brochées de fleurs d'or;
sur ce trône étaient deux riches fauteuils, dont le dossier portait les armes impériales écartelées aux armes
d'Angleterre, en signe d'union, ces dernières enchar-
gées de celles de France. Le toit qui recouvrait en
forme de dais ce double trône était celui-là même de
la halle, qui avait été à cet effet encourtiné de draps
d'or comme une chambre royale : en outre, toutes les
maisons étaient tendues et recouvertes, ainsi qu'au
jour saint de la Fête-Dieu, avec de magnifiques tapis
tant de France que d Orient, qui venaient d'Arras par
la Flandre et de Constantinople par la Hongrie.

Le jour convenu pour cette cérémonie, dont les historiens ne donnent point la date, mais qu'ils fixent à
la fin de l'année 1338, ou au commencement de l'année
1339, le roi Edouard III, revêtu de son costume royal,
couronne en tête, mais tenant à la main, au lieu de
sceptre, une épée, en signe de la mission vengeresse
qu'il allait recevoir, se présenta, suivi de sa meilleure
chevalerie, à la porte de Cologne qui s'ouvre sur la
route d'Aix-la-Chapelle. Il y était attendu par messires
de Gueldre et de Juliers, lesquels prirent à ses côtés
la place que leur cédèrent l'évêque de Lincoln et le
comte de Salisbury, lequel, esclave de son vœu, portait toujours son œil droit caché sous l'écharpe de la
belle Alix; ils s'avancèrent au milieu des rues fleuries
comme au jour des Rameaux, suivis du plus magni-

fique cortège que l'on eût vu depuis ¿l'avénement au
trône de Frédéric II. En arrivant sur la place, ils aperçurent en face d'eux l'appareil qui les attendait. Sur le
fauteuil de droite était assis Louis de Bavière, revêtu
de ses habits impériaux, tenant son sceptre à la main
droite, et ayant la gauche appuyée sur un globe qui
représentait le monde, tandis qu'un chevalier allemand
élevait sur sa tête une épée nue. Aussitôt Edouard III
descendit de cheval, franchit à pied l'espace qui le séparait de l'empereur, monta les marches qui condúi-
salcut à lui; puis, arrivé au dernier degré, ainsi qu'il
en avait été convenu d'avance entre les ambassadeurs,
au lieu de lui baiser les pieds, comme c'était l'habitude en pareille occasion, il s'inclina seulement, et
l'empereur lui donna l'accolade; puis il s'assit sur le
trône qui lui avait été préparé, et qui était de quelques
pouces plus bas que celui de Louis V : c'était la seule
marque d'infériorité à laquelle eût consenti Edouard III.
Autour d'eux se rangèrent quatre grands ducs, trois
archevêques, trente-sept comtes, une multitude in-
nombrable de barons à casques couronnés, de ban-
nerets portant bannières, de chevaliers et d'écuyers.
En même temps les gardes qui fermaient les rues abou-
tissantes à la place quittèrent leur poste, et se rangèrent en cercle autour de l'échafaudage, laissant libres les issues par lesquelles se rua aussitôt la multitude. Chaque fenêtre qui regardait sur la place se mura
de femmes et d'hommes; les toits se couronnèrent de
curieux, et l'empereur et Edouard se trouvèrent le
centre d'un vaste amphithéâtre qui semblait bâti de
têtes humaines.

Alors l'empereur se leva, et, au milieu du plus profond silence, il prononça ces paroles, d'une voix
si haute et si ferme, qu'elles furent entendues de tous :

« Nous, très-haut et très-puissant prince Louis V,
duc de Bavière, empereur d'Allemagne par élection du
sacré collége et par confirmation de la cour de Rome,

déclarons Philippe de Valois déloyal, perfide et lâche pour avoir acquis, contrairement à ses traités envers nous, le château de Crève-cœur en Cambrésis, la ville d'Arleux-en-Puelle, et plusieurs autres propriétés qui étaient nôtres; prononçons que par ces actes il a forfait. et lui retirons la protection de l'empire; transportons cette protection à notre bien-aimé fils Edouard III, roi d'Angleterre et de France, que nous chargeons de la défense de nos droits et intérêts, et auquel, en signe de procuration, nous délivrons, en vue de tous, cette charte impériale, scellée du double sceau de nos armes et de celles de l'empire. »

A ces mots, Louis V tendit la charte à son chancelier, se rassit, reprit de la main droite le sceptre, appuya de nouveau la gauche sur le globe, et le chancelier ayant déployé la charte, la lut à son tour à haute et intelligible voix. Elle conférait à Edouard III le titre de vicaire et lieutenant de l'empire; lui donnait pouvoir de faire droit et loi à chacun au nom de l'empereur, l'autorisait à battre monnaie d'or et d'argent, et commandait à tous les princes qui relevaient de l'empereur de faire féauté et hommage au roi anglais. Alors les applaudissements éclatèrent, les cris de bataille retentirent; chaque homme armé, depuis le duc jusqu'au simple écuyer, frappa son écu de la lame de son épée ou de la pointe de sa lance, et, au milieu de cet enthousiasme général qu'excitait toujours dans cette vaillante chevalerie une déclaration de guerre, tous les vassaux de l'empereur vinrent, selon leur rang, prêter hommage et féauté à Edouard III, comme ils avaient fait, lors de son avénement au trône d'Allemagne, au duc Louis V de Bavière.

A peine cette cérémonie fut-elle terminée, que Robert d'Artois, qui poursuivait son œuvre avec la persévérance de la haine, partit pour Mons en Hainaut, afin de donner avis au comte Guillaume que ses instructions étaient suivies, et que tout venait à bien.

Quant aux seigneurs de l'empire, ils demandèrent à Edouard quinze jours pour tout délai, prirent rendez-vous en la ville de Malines, qui se trouvait un centre convenable entre Bruxelles, Gand, Anvers et Louvain, et, à l'exception du duc de Brabant, lequel, en sa qualité de souverain indépendant, se réserva de faire ses déclarations à part, au temps et au point qu'il jugerait convenables, chargèrent de leurs défiances, envers Philippe de Valois, messire Henri, évêque de Lincoln, qui partit aussitôt pour la France.

Huit jours après, le messager de guerre obtint audience de Philippe de Valois, qui le reçut en son château de Compiègne, au milieu de toute sa cour, ayant à sa droite le duc Jean, son fils, et à sa gauche messire Léon de Crainheim, qu'il avait appelé près de lui moins encore pour faire honneur à ce noble vieillard que parce que, connaissant d'avance la mission de l'évêque de Lincoln, et convaincu que le duc de Brabant avait traité avec son ennemi, il voulait que son répondant assistât à cette assemblée. Au reste, tous ordres avaient été donnés pour que le héraut d'un si grand roi et de si puissants seigneurs fût reçu comme il convenait à son rang et à sa mission. De son côté, l'évêque de Lincoln s'avança au milieu de l'assemblée avec la dignité d'un prêtre et d'un ambassadeur, et, sans humilité ni fierté, mais avec calme et assurance, il défia le roi Philippe de France :

Premièrement au nom d'Edouard III, comme roi d'Angleterre et chef des seigneurs de son royaume;

Deuxièmement au nom du duc de Gueldre;

Troisièmement au nom du marquis de Juliers;

Quatrièmement au nom de messire Robert d'Artois;

Cinquièmement au nom de messire Jean de Hainaut;

Sixièmement au nom du margrave de Misnie et d'Orient;

Septièmement au nom du marquis de Brandebourg;

Huitièmement au nom du sire de Fauquemont;

Neuvièmement au nom de messire Arnoult de Blankenheim;

Et dixièmement enfin, au nom de messire Valerand, archevêque de Cologne.

Le roi Philippe de Valois écouta avec attention cette longue énumération de ses agresseurs; puis, lorsqu'elle fut finie, étonné de ne pas avoir entendu prononcer les défiances de celui qu'il soupçonnait le plus de lui être contraire : N'avez-vous rien à me dire en outre, répondit-il, de la part de mon cousin le duc de Brabant? — Non, sire, reprit l'évêque de Lincoln. — Vous le voyez, monseigneur, s'écria le vieux chevalier le visage radieux, mon maître a été fidèle à la parole donnée. — C'est bien, c'est bien, mon noble otage, répondit le roi en tendant la main à son hôte; mais nous ne sommes point encore à la fin de la guerre. Attendons.

Puis se retournant vers l'ambassadeur : Notre cour est vôtre, monseigneur de Lincoln, lui dit-il, et tant qu'il vous conviendra d'y rester, vous nous ferez honneur et plaisir.

X

Maintenant il faut que nos lecteurs nous permettent d'abandonner pour un instant le continent, où s'achèvent des deux côtés ces rudes préparatifs d'attaque et de défense, sur lesquels pouvait glisser le romancier, mais qu'il est du devoir de l'historien de raconter dans tous leurs détails, pour jeter un coup d'œil, au-delà du détroit, sur quelques autres personnages de

cette chronique, que nous avons, tout importants qu'ils
sont, paru momentanément oublier, pour suivre le roi
Edouard de son château de Westminster à la brasserie
du Ruvaert Jacques d'Artevelle. Ces personnages sont
la reine Philippe de Hainaut et la belle fiancée du comte
de Salisbury, que nous avons vues un instant appa-
raître au banquet royal et si étrangement et si brusque-
ment interrompu par l'entrée du comte Robert d'Artois et par tous les vœux qui la suivirent.

Aussitôt que le départ du roi avait été officiellement
connu dans son royaume, madame Philippe, à laquelle
sa grossesse déjà avancée commandait les plus grands
ménagements, et qui d'ailleurs, dans la sévérité de ses
mœurs, aurait tenu pour faute tout plaisir, si innocent
qu'il fût, pris en l'absence de son seigneur, s'était retirée avec sa cour la plus intime dans le château de
Nottingham, situé à cent vingt milles à peu près de
Lóndres. Là elle passait sa vie en lectures pieuses, en
travaux à l'aiguille et en discours de chevalerie, avec
ses dames d'honneur, parmi lesquelles sa plus con-
stante compagne et sa plus chère confidente, contrairement à cet instinct merveilleux que possèdent les
femmes pour deviner une rivale, était toujours Alix de
Granfton.

Or, pendant une de ces longues soirées d'hiver où
il est si doux, en face d'une large cheminée tout em-
brasée et petillante, d'entendre se briser le vent aux
angles des vieilles tours, tandis que notre ancienne
connaissance Guillaume de Montaigu faisait sa ronde
nocturne sur les murailles de la forteresse, réunies
dans une grande et haute chambre à coucher, aux
lambris de chêne sculpté, aux courtines roides et som-
bres, au lit gigantesque, après avoir renvoyé, pour
être plus libres, non pas de leurs paroles, mais de leurs
pensées, tout ce monde si fatigant pour un cœur plein
ou un esprit occupé, les deux amies, éclairées par une
lampe dont la lueur mourait avant d'atteindre les pa-

rois rembrunies perdues dans l'obscurité, étaient res-
tées seules, assises à droite et à gauche d'une table
posée lourdement sur ses pieds tordus, et couverte
d'un tapis brillant qui contrastait, par la fraîcheur de
ses broderies, avec les antiques étoffes de l'appartement. Toutes deux, après avoir échangé quelques paroles, étaient tombées dans une rêverie profonde, dont
la cause, divergente dans ses résultats, partait cependant d'un même point, le vœu que chacune d'elles
avait fait. Celui de la reine, on se le rappelle, était terrible : elle avait juré, au nom de Notre-Seigneur né
de la Vierge et mort sur la croix, qu'elle n'accouche-
rait que sur la terre de France, et que, le jour de sa
délivrance venu, si elle n'était pas en mesure de tenir
son serment, il en coûterait la vie à elle et à l'enfant
qu'elle portait. Dans le premier moment elle avait cédé
à cet enthousiasme puissant qui s'était emparé de tous
les convives; mais quatre mois s'étaient déjà écoulés
depuis cette époque, le terme fatal approchait, et chaque tressaillement de ses entrailles rappelait à la mère
le vœu imprudent qu'avait fait l'épouse.

Celui d'Alix était plus doux; elle avait juré, on se le
rappelle encore, que le jour où le comte de Salisbury
reviendrait en Angleterre, après avoir touché la terre
de France, elle lui donnerait son cœur et sa personne.
La moitié de cette promesse était inutile, le cœur était
déjà donné depuis longtemps, aussi n'attendait-elle
pas avec une patience moindre que celle de la reine
quelque message venant de Flandre pour annoncer que
les hostilités avaient commencé, et sa rêverie, pour
être moins triste, n'en était pas moins isolée et profonde; seulement chacune suivait la pente imprimée
par son développement, qui, étant pour l'une la crainte
et pour l'autre l'espoir, les avait conduites toutes deux
dans les contrées extrêmes de l'imagination. La reine ne
voyait que déserts arides et lugubres, voilés d'un ciel
gris et parsemés de tombes; la comtesse, au contraire,

courait, insouciante, au milieu de pelouses, tout émail-
lées de ces fleurs roses et blanches avec lesquelles on
tresse les couronnes des fiancées.

En ce moment neuf heures sonnèrent au beffroi du
château, et, réveillée sous le marteau de bronze,
chaque fille du temps sembla passer tour à tour et
s'éloigner sur ces ailes frémissantes qui les emportent
si rapides vers l'éternité. Au premier coup la reine avait
tressailli; puis, suivant et comptant les autres avec
une tristesse qui n'était pas exempte de terreur : A
pareille heure, à pareil jour, il y a sept ans, dit-elle
d'une voix altérée, cette chambre, aujourd'hui silen-
cieuse et tranquille, était pleine de tumulte et de cris.
—N'est-ce pas ici, dit à son tour Alix, tirée de sa rêverie par la voix de la reine, et répondant à sa pensée plutôt
qu'aux paroles qu'elle entendait, qu'ont été célébrées vos
noces avec monseigneur Edouard?—Oui, oui, c'est ici,
murmura celle à qui était adressée cette question;
mais c'est à un autre évènement plus rapproché de
nous que je faisais allusion, à un événement sanglant
et terrible, et qui s'est aussi passé en cette chambre :
à l'arrestation de Mortimer, l'amant de la reine Isabelle.
— Oh! répondit Alix en tressaillant à son tour et en
regardant avec effroi autour d'elle, j'ai souvent entendu
murmurer quelque chose de cette tragique histoire,
et, je l'avouerai, même, depuis que nous habitons ce
château, j'ai tenté plus d'une fois d'obtenir quelques
détails sur la localité où elle s'était passée, et sur la manière dont elle s'était accomplie. Mais comme aujour-
d'huile roi notre seigneur a rendu à sa mère sa liberté et
ses honneurs, nul n'a voulu me répondre, soit crainte,
soit ignorance. Puis, après une pause : Et vous dites
que c'est ici, madame?... continua Alix en se rappro-
chant de la reine. —Ce n'est point à moi, répondit celle-
ci, de sonder les secrets de mon époux, et de chercher à
deviner si madame Isabelle habite à cette heure un palais
ou une prison dorée, et si cet infâme Mautravers, qu'on a

placé près d'elle, a mission de lui servir de secrétaire ou
de geôlier : ce que décide dans sa sagesse monseigneur
le roi est bien décidé et bien fait. Je suis son humble
épouse et sujette, et n'ai rien à dire; mais les faits accomplis sont pour toujours accomplis : Dieu lui-même
ne peut empêcher que ce qui fut ait été. Or, je vous le
disais, Alix, c'est ici, dans cette chambre, qu'il y a sept
ans à pareil jour et à pareille heure, a été arrêté
Mortimer, au moment où, se levant de ce siège peut-
être où je suis assise, et en s'éloignant de cette table
où nous sommes appuyées, il allait se mettre dans ce
lit, où depuis trois mois je ne me suis pas à mon tour
une seule fois couchée sans que toute cette scène sanglante ne fît repasser sous mes yeux, comme de pâles
fantômes, les acteurs qui y ont pris part. D'ailleurs,
Alix, les murs ont meilleure mémoire et son souvent
plus indiscrets que les hommes; ceux-ci ont gardé le
souvenir de tout ce qu'ils ont vu, et voilà la bouche par
laquelle ils me l'ont raconté, continua la reine en mon-
trant du doigt une entaille profonde faite dans un des
pilastres sculptés de la cheminée par le tranchant d'une
épée. C'est là, où vous êtes, qu'est tombé Dugdale;
et si vous leviez la natte sur laquelle sont posés vos
pieds, vous trouveriez sans doute la dalle encore
rouge de son sang; car la lutte a été terrible, et Mortimer s'est défendu comme un lion! — Mais, reprit
Alix en reculant son fauteuil pour s'éloigner de cette
place où un homme était passé si rapidement de la vie
à l'agonie, et de l'agonie à la mort; mais quel était le
véritable forfait de Roger Mortimer? Il est impossible
que le roi Edouard ait puni d'une manière aussi terrible des relations, criminelles sans doute, mais pour
lesquelles la mort, et une mort aussi affreuse que celle
qu'il a subie, était peut-être une peine bien dure... —
Aussi avait-il commis autre chose que des fautes, il
avait commis des crimes, et des crimes infâmes; il
avait, par les mains de Gurnay et de Mautravers, as-

sassiné le roi; il avait, par de fausses dénonciations,
fait tomber la tête du comte de Kent. Maître alors de
tout le royaume, il conduisait le royaume à sa ruine;
lorsque le roi véritable, dont il usurpait le pouvoir et
dont il faussait la volonté, d'enfant qu'il était, devint
homme, peu à peu tout lui fut dévoilé et découvert;
mais armée, finances, politique, tout était dans les
mains du favori : la lutte avec lui, comme ennemi,
était la guerre civile. Le roi le traita en assassin, et
tout fut dit. Une nuit que le parlement était rassemblé
dans cette ville, et que la reine et Mortimer habitaient
ce château, bien gardé par leurs amis, le roi séduisit
le gouverneur, et par un souterrain qui aboutit à cette
chambre, et qui s'ouvre je ne sais où, mais dans une
partie cachée de cette boiserie, que je n'ai pu re-
trouver malgré mes recherches, il pénétra ici à la tête
d'une troupe d'hommes masqués, parmi lesquels
étaient Henri Dugdale et Gauthier de Mauny. La reine
était déjà couchée, et Roger Mortimer allait la rejoindre, lorsqu'il vit tout à coup un panneau glisser et s'ouvrir; cinq hommes masqués se précipitèrent dans
la chambre et tandis que deux couraient aux portes qu'ils fermaient en dedans, les trois autres s'a-
vancèrent vers Mortimer, qui, sautant sur son épée,
renversa mort du premier coup Henri Dugdale, qui
étendait la main pour le saisir. En même temps, Isabelle sauta en bas du ht, oubliant qu'elle était demi-
nue et enceinte, ordonnant à ces hommes de se retirer, et criant qu'elle était la reine. — C'est bien, dit
l'un d'eux en ôtant son masque; mais si vous êtes la
reine, madame, moi je suis le roi. Isabelle jeta un
cri en reconnaissant Édouard, et tomba sans connaissance sur le plancher. Pendant ce temps, Gauthier de
Mauny désarmait Roger; et comme les cris de la reine
avaient été entendus, et que la garde accourue aux
portes, les voyant fermées, commençait à les enfoncer à
coups d'épée et de masse, ils emportèrent Roger Mor-

timer, lié et bâillonné, dans le passage souterrain, repoussèrent le panneau boisé; de sorte que ceux qui entrèrent trouvèrent Dugdale mort et la reine vanouie; mais de Roger Mortimer et de ceux qui l avaient enlevé, aucune trace. On le chercha vainement; car la reine n'osait dire que son fils était venu lui prendre son amant jusque dans son lit. De sorte qu'on n'eut de ses nouvelles que par le jugement qui le condamnait à mort, et qu'on ne le vit reparaître que sur l'échafaud, où le bourreau lui ouvrit la poitrine pour en arracher le cœur, qu'il jeta dans un brasier, abandonnant le corps sur un gibet, où deux jours et deux nuits il fut exposé aux regards et aux injures de la populace, jusqu'à ce que le roi, pardonnant enfin au cadavre, permît aux frères mineurs de Londres de l'ensevelir dans leur église. Voilà ce qui s'est passé ici il y a sept ans à pareille heure. N'avais-je pas raison de vous dire que c'était un événement terrible? — Mais ce souterrain, dit Alix. ce panneau caché?... — J'en ai parlé une fois seulement au roi, et il m'a répondu que le souterrain était muré et que le panneau ne s'ouvrait plus.—Et vous osez rester dans cette chambre,. madame? dit Alix. — Qu'ai-je à craindre, n'ayant rien à me reprocher? dit la reine, déguisant mal, sous la tranquillité de sa conscience, les terreurs qu'elle éprouvait malgré elle. D'ailleurs, . cette chambre, comme vous l'avez dit, garde un double souvenir, et le premier m'est si cher qu'il combat le second, quelque terrible qu'il soit. — Quel est ce bruit? s'écria Alix saisissant le bras de la reine, tant la crainte lui faisait oublier le respect. — Des pas qui s'approchent, et voilà tout. Voyons, rassurez-vous, enfant. — On ouvre la porte, murmura Alix. — Qui est là? dit la reine se tournant du côté d'où venait le bruit, mais ne pouvant découvrir dans l'obscurité celui qui le causait. —Son Altesse veut-elle me permettre de l'assurer que tout est tranquille au château de Nottingham, et qu'elle peut reposer sans crainte? — Ah!

Le jeune homme, qui ne s'attendait pas à cette invitation pressante faite d'une voix émue, et dont il ne comprenait pas l'émotion, demeura d'abord interdit, puis s'élança vers Alix.

— Qu'y a-t-il, madame? Qu'avez-vous, et que désirez-vous de moi?—Rien, Guillaume, répondit Alix avec un accent dont elle avait pris cette fois le temps de calculer les intonations; rien; la reine seulement désire savoir si vous n'avez rien vu de suspect dans votre ronde nocturne. — Eh! que voulez-vous que je rencontre de suspect en ce château, madame? répondit en soupirant Guillaume. La reine est au milieu de ses fidèles sujets et vous, madame, d'amis dévoués, et je ne suis point assez heureux pour avoir à exposer ma vie afin de vous épargner même un déplaisir. — Croyez-vous que nous ayons besoin du sacrifice de votre vie pour croire à la sincérité de votre dévouement, messire Guillaume? dit en souriant la reine, et qu'il faille un événement qui la trouble pour que nous soyons reconnaissante des soins que vous donnez à notre tranquillité? — Non, madame, reprit Guillaume; mais si heureux et fier que je sois de rester près de vous, je n'en suis pas moins honteux quelquefois, au fond du cœur, du peu de chose que je fais en veillant à votre sûreté, qui ne court aucun risque, lorsque le roi et tant de chevaliers favorisés vont gagner du renom, et revenir dignes de celles qu'ils aiment; et tandis que moi, qu'on traite en enfant, et qui cependant me sens le courage d'un homme, si j'étais assez malheureux pour aimer, je devrais cacher cet amour au plus profond de mon âme, me reconnaissant indigne que l'on y répondît.

— Eh bien! tranquillisez-vous, Guillaume, dit la reine tandis qu'Alix, à qui n'avait point échappé la passion du jeune bachelier, gardait le silence, si nous tardons encore un jour seulement à recevoir des nouvelles d'outre-mer, nous vous enverrons en chercher, et rien né vous empêchera de faire, avant de revenir quelque belle emprise de guerre, que vous nous raconterez à votre retour. — Oh! madame, madame! s'écria Guillaume, si j'étais assez heureux pour obtenir une telle faveur de votre altesse, après Dieu et ses anges, vous seriez ce qu'il y aurait de plus sacré pour moi sur la terre.

Guillaume de Montaigu achevait à peine ces mots, qu'il avait prononcés avec cet accent d'enthousiasme qui n'appartient qu'à la jeunesse, que le qui-vive de la sentinelle placée au-dessus de la porte du château, prononcé à haute voix, retentit jusque dans la chambre des deux dames, et leur annonça que quelque étranger s'approchait de la porte extérieure.

— Qu'est cela? dit la reine. — Je ne sais, mais je vais m'en informer, madame, répondit Guillaume, et si votre altesse le permet, je viendrai aussitôt lui en rendre compte. — Allez, dit la reine; nous vous attendons.

Guillaume obéit, et les deux femmes, retombées dans cette rêverie, dont les avait tirées la cloche qui sonnait neuf heures, demeurèrent en silence, renouant le fil de leurs pensées, interrompu par le récit de la catastrophe qu'avait racontée la reine, mais dont la présence de Guillaume et la conversation qui en fut la suite avaient, sinon chassé tout à fait, du moins quelque peu éloigné les tristes impressions. Il en résulta que, ne regardant point le qui-vive jusqu'à elles parvenu comme le signal d'un évènement de quelque importance, elles n'entendirent même pas Guillaume qui rentrait; celui-ci s'approcha de la reine, et, voyant qu'on tardait à l'interroger: Je suis bien malheureux, madame, dit-il, et rien de ce que j'espère ne m'aviendra jamais sans doute, car voilà les nouvelles que je devais aller chercher qui arrivent. Décidément je ne suis bon qu'à garder les vieilles tours de ce vieux château, et il faut que je me résigne. — Que dites-

vous, Guillaume? s'écria la reine, et que parlez-vous
de nouvelles? serait-ce quelqu'un de l'armée?

Quant à Alix, elle ne dit rien, mais elle regarda Guillaume d'un air si suppliant, qu'il se tourna vers elle et
répondit à son silence plutôt encore qu'à la question
de la reine, tant ce silence lui paraissait interrogateur
et pressant : Ce sont deux hommes qui disent qu'ils en
viennent du moins, et qui se prétendent chargés d'un
message du roi Edouard. Deivent-ils être introduits
devant vous, madame? — A l'instant même, s'écria la
reine. — Malgré l'heure avancée? dit Guillaume. —
A toute heure du jour et de la nuit, celui qui m'arrive
de la part de mon seigneur et maître est le bien venu.
— Et doublement bien venu, je l'espère, dit, de la
porte, une voix jeune et sonore, n'est-ce pas, belle
tante, lorsqu'il s'appelle Gauthier de Mauny et qu'il ap-
porte de bonnes nouvelles?

La reine jeta un cri de joie et se leva, tendant la
main au chevalier, qui, la tête nue et débarrassée de son
casque, qu'il avait remis en entrant à quelque page
ou quelque écuyer, s'avança vers les deux dames.
Quant à son compagnon, il demeura près de la porte,
le heaume au front et la visière baissée. La reine était
si émue qu'elle vit le messager de bonheur s'incliner
devant elle, qu'elle sentit ses lèvres se poser sur sa
main, sans oser lui faire une seule question. Quant à
Alix, elle tremblait de tous ses membres. Pour Guillaume, devinant ce qui se passait dans son cœur, il
s'était appuyé contre la boiserie, sentant ses genoux
faiblir, et cachait dans l'ombre la pâleur de son visage
et le regard ardent qu'il fixait sur elle.

— Et vous venez de la part de mon seigneur?
murmura enfin la reine, dites-moi, que fait-il? — Il
vous attend, madame, et m'a chargé de vous conduire
à lui. — Dites-vous vrai? s'écria la reine; il est donc
entré en France? — Non pas lui encore, belle tante,
mais bien nous, qui avons été y choisir pour berceau

à votre fils le château de Thun, c'est-à-dire une véritable aire d'aigle, un nid comme il convient à un rejeton royal. — Expliquez-vous, Gauthier; car je n'y comprends rien, et je suis si heureuse que je crains que tout cela ne soit un songe. Mais pourquoi ce chevalier qui vous accompagne n'ôte-t-il pas son casque et ne s'approche-t-il pas de nous? craindrait-il, compagnon de pareilles nouvelles, d'être mal reçu de notre personne royale? — Ce chevalier a fait un vœu, belle tante, comme vous; comme madame Alix, qui ne dit mot et qui me regarde. Allons, rassurez-vous, continua-t-il en s'adressant à cette dernière, il est vivant et bien vivant, quoiqu'il ne voie le jour que d'un œil. — Merci, dit Alix en soulevant enfin le poids qui pesait sur sa poitrine, merci. Maintenant dites-nous où en est le roi, où en est l'armée?—Oui, oui, dites, Gauthier, reprit vivement la reine; les dernières nouvelles qui nous sont arrivées de Flandre sont celles des défiances envoyées au roi Philippe de Valois. Que s'est-il passé depuis?—Oh! pas grand'chose d'important, répondit Gauthier; seulement, comme, malgré ces défiances et la parole donnée, les seigneurs de l'empire tardaient à venir au rendez-vous, et que de jour en jour nous voyions le visage du roi devenir plus sombre, il nous vint dans l'idée, à Salisbury et à moi, que cette tristesse croissante lui était inspirée par le souvenir du vœu que vous aviez fait, et que, malgré son impatience, il ne pouvait vous aider à acquitter. Alors, sans en rien dire à personne, nous prîmes environ quarante lances de bons compagnons sûrs et hardis, et partant du Brabant nous chevauchâmes tant nuit et jour, que nous traversâmes le Hainaut, mîmes en passant le feu à Mortagne, et que, laissant Condé derrière, nous passâmes l'Escaut et vînmes nous rafraîchir en l'abbaye de Denain; puis enfin arrivâmes à un fort et beau château qui relève de France et qu'on appelle Thun-l'Evêque; nous en fîmes le tour pour l'examiner en tout point, et ayant reconnu que c'était justement ce qu'il vous fallait, belle tante, nous mîmes nos chevaux au galop, et Salisbury et moi en tête nous entrâmes dans la cour, où nous trouvâmes la garnison, qui, nous reconnaissant pour ce que nous étions, fit mine de se défendre et rompit quelques lances pour ne pas avoir l'air de se rendre sans coup férir. Nous visitâmes aussitôt l'intérieur pour voir s'il n'y avait pas quelque chose à commander pour le rendre digne de sa destination. Le châtelain venait de le faire encourtiner à neuf pour sa femme; de sorte qu'avec l'aide de Dieu, belle tante, vous y serez aussi à l'aise pour donner un héritier à monseigneur le roi que si vous étiez dans votre château de Westminster ou de Grenwich. Aussi y mîmes-nous aussitôt bonne garnison, commandée par mon frère, et revînmes-nous en toute hâte vers le roi lui dire où en étaient les choses, et qu'il eût à ne plus s'inquiéter.

— Ainsi donc, murmura timidement Alix, le comte de Salisbury a tenu fidèlement son vœu? — Oui, madame, dit à son tour l'autre chevalier, s'approchant d'elle, détachant son casque et mettant un genou en terre; maintenant tiendrez-vous le vôtre?

Alix jeta un cri. Ce second chevalier, c'était Pierre de Salisbury, qui revenait le front à moitié couvert par l'écharpe que lui avait donnée Alix, et qui ne l'avait pas quittée depuis le jour du vœu, ainsi que l'attestaient quelques gouttes de sang tombées d'une légère blessure qu'il avait reçue la tête.

Quinze jours après, la reine débarquait sur les côtes de Flandre, accompagnée par Gauthier de Mauny, et Pierre de Salisbury recevait, dans son château de Wark, la main de la belle Alix.

Ce furent les deux premiers vœux accomplis parmi tous ceux qui avaient été jurés sur le héron.

Cependant, comme nous l'avons dit, malgré l'enthousiasme avec lequel ils avaient entrepris cette guerre, les seigneurs de l'empire se faisaient grandement attendre; mais Edouard avait pris patience, grâce à l'appertise de Gauthier de Mauny; il avait donc fait conduire avec une sûre garde madame Philippe de Hainaut au château de Thun-l'Evêque, où elle était, selon son vœu, accouchée sur la terre de France d'un fils qui reçut le nom de Jean, duc de Lancastre. Puis, ses relevailles faites, elle était venue à Gand, où elle habitait le château du comte, situé sur le marché du Vendredi.

Tous ces retards laissaient à Philippe de Valois le temps de se prémunir contre une guerre qui aurait eu besoin, pour amener la réussite qu'en espérait Edouard, d'être conduite avec la rapidité et le silence d'une invasion imprévue. Mais l'état de France n'est point un de ces royaumes qu'on vole dans une nuit, et qui se réveille un matin ayant changé de maître et de drapeau. A peine défié par les seigneurs de l'empire, Philippe, qui, dans l'attente de cette déclaration de guerre, avait rassemblé son armée en France et ouvert des négociations en Ecosse, envoya de grandes garnisons au pays de Cambrésis, où l'entreprise de Gauthier et du comte de Salisbury lui indiquait que seraient les premiers assauts. En même temps il fit saisir la comté de Ponthieu, que le roi Edouard tenait du chef de sa mère, et envoya des ambassadeurs aux différents seigneurs de l'empire, et entre autres au comte de Hainaut, son neveu, qui venait d'hériter de sa comté. Guillaume son père étant mort de l'attaque de goutte dont nous l'avons vu atteint au moment où il reçut les ambassadeurs du roi Edouard, au duc de Lorraine, au comte de Bar, à l'évêque de Metz et à monseigneur Adolphe de la Marck, afin qu'ils n'entrassent point dans la ligue qui se faisait contre lui. Les quatre derniers répondirent qu'ils avaient déjà refusé au roi Edouard le concours qu'il leur avait demandé. Quant au comte de Hainaut, il répondit directement et par lettres que, comme il relevait à la fois de l'empire d'Allemagne et du royaume de

France, tant qu'Edouard combattrait sur les terres de
l'empereur, comme vicaire de l'empire, il serait l'allié
d'Edouard; mais dès qu'Edouard entrerait au royaume
en France, il se rallierait aussitôt à Philippe de Valois
et lui aiderait à défendre son royaume, prêt qu'il était
à tenir ainsi son double engagement envers ses deux
seigneurs. Enfin il fit prévenir Hugues Quieret, Nicolas
Behuchet et Barbevaire, commandants de sa flotte,
que les défiances étaient faites, et la guerre ouverte
entre la France et l'Angleterre; qu'en conséquence il
leur donnait congé de courir sus aux ennemis, et de
leur faire le plus de mal qui serait en leur pouvoir. Les
hardis pirates n'eurent pas besoin qu'on leur redît la
chose à deux fois; ils firent voile vers les côtes d'Angleterre, et un dimanche matin, tandis que tous les
habitants étaient à la messe, ils entrèrent dans le havre
de Southampton, descendirent à terre, prirent et pil-
lèrent la cité, enlevèrent filles et femmes, chargèrent
leurs vaisseaux de butin; puis remontèrent dessus, et
au premier flux de la mer, ils s'éloignèrent rapides
comme des oiseaux de carnage, emportant dans leurs
serres la proie sur laquelle ils s'étaient abattus.

De son côté, le roi d'Angleterre était parti de Malines
avec toute son assemblée, et était arrivé à Bruxelles,
où siégeait le duc de Brabant afin de savoir de lui-
même jusqu'à quel point il pouvait compter sur les
promesses qu'il lui avait faites. Il y trouva Robert
d'Artois, qui, toujours infatigable dans son projet de
guerre, arrivait de Hainaut. De ce côté les nouvelles
étaient bonnes; le jeune comte, poussé par son oncle
Jean de Beaumont, arrivait incessamment, et se
tenait prêt à entrer en campagne. Quant au duc
de Brabant, il paraissait toujours dans les même dispositions; et comme Edouard lui dit que son intention
était d'aller mettre le siége autour de Cambrai, il
s'engagea sur serment à venir le rejoindre devant cette
ville avec douze cents lances et huit mille hommes

d'armes. Cet engagement suffit à Edouard, qui, ayant nouvelle que les seigneurs de l'empire s'avançaient de leur côté, n'hésita plus à se mettre en route, vint coucher la première nuit en la ville de Nivelle, et le lendemain soir arriva à Mons, où il trouva le jeune comte Guillaume, son beau-frère, et messire Jean de Beaumont, son maréchal en la terre de Hainaut, qui s'était chargé, par son vœu, de conduire l'armée jusque sur les terres de France.

Edouard s'arrêta deux jours à Mons, où lui et sa suite, qui se composait d'une vingtaine de hauts barons d'Angleterre, furent grandement fêtés par les comtes et chevaliers du pays. Pendant ces deux jours, toutes ses troupes, qui logeaient à même le pays, le rejoignirent; desorte que, se trouvant à la tête d'une puissante assemblée, il marcha vers Valenciennes, où il entra, lui douzième seulement, laissant son armée campée aux alentours de la ville; il y avait été précédé par le comte de Hainaut, par messire Jean de Beaumont, le sire d'Enghien, le sire Verchin, et plusieurs autres seigneurs qui vinrent au-devant de lui jusqu'aux portes. Quant au comte de Hainaut, il l'attendait au haut des marches du palais, entouré de toute sa cour.

FIN DU PREMIER VOLUME.